淺談新民事司法訴訟

REFLECTIONS ON CIVIL PROCEDURE
UNDER CIVIL JUSTICE REFORM

作者 芮安牟

翻譯 陳星楠

SUNNY
CHAN

A. T.
REYES

中文譯本前言

在 2009 年 4 月，香港民事司法制度改革（CJR）生效的前夕，我為推廣 CJR 的重點改革進行了一連串的演講。英語的演講原文被我輯錄成書，贈予學生朋友。至今，當年所印的小書均已贈罄。

相反，CJR 在施行上卻多有能改善之處。改革推行了三年，時至今天，我感覺 CJR 背後的思維，在根深蒂固的傳統訴訟文化影響下還沒有植根。這也代表了我們仍需繼續思考 CJR 的真正意義。

當然，改革必須要時間。可我每天在法庭的觀察是太多訴訟人仍然把官司看成是像博弈般的戰略性遊戲。這不是 CJR。CJR 的宗旨是要讓大衆明白民事訴訟是能透過法庭與控辯雙方互相合作，為糾紛謀取一個快捷、公正，以及合乎成本效益的解決方法。

原則上，每個人都應該支持 CJR。沒有人能合理地反對一套具成本效益、快速和公正的法律程序。

惟事與願違，在實際訴訟中很多人缺乏與對方合作的決

心或勇氣。除了最簡單的指示外，訴訟雙方不能同意任何其他事宜。這些純程序性的爭議分散了訴訟雙方和其法律代表對具體糾紛的注意。這樣做令雙方對訴訟存有太多幻想，失去了對自身理據的客觀和持平的理性分析。

諷刺地，改革本身可以是改革的最大敵人。我列出幾個例子：

CJR 推行後，訴訟雙方時常慣性地指控對方違反 CJR 的精神。在訴訟人甲向法庭提出非正審申請（interlocutory injunction）的同時，甲通常還會投訴對方（乙）不合理地反對甲的申請。不管甲的申請是否必要，或乙的反對是否合理，拒絕同意都有可能被濫用成違反 CJR 精神的證據。

每當訴訟進程稍有延誤，不管延誤是否對訴訟整體的時間表帶來影響，雙方都喜歡費神爭議誰應該就造成延誤負責。

誰應對延誤負責這個問題會產生大量的律師信。這些書信大多欠缺建設性。雙方針鋒相對的譏諷只會減低和解的可能性。這些書信通常會附寄給法庭，試圖在法官眼中抹黑對方。

簡單講，CJR 的原意被曲解了。CJR 成了傳統戰略性思維的一個新論點。這跟 CJR 改變傳統的理念背道而馳。非必要的金錢被花費在非必要的姿態，卻無助雙方解決糾紛的根本。

如果 CJR 要成功，各方面必須衷心改善上述的問題。只有在實際縮短訴訟時間和有效降低訴訟成本的情況下，CJR 才能算是真正的改革。而改革的效率只能依靠在訴訟雙方準確了解 CJR 為解決糾紛帶來的方便與好處。

在此前提下，本書的中文譯本有三個作用。

第一，中文譯本的出版是要重申 CJR 的意義。訴訟人、律師和法庭均應回顧，以及思考 CJR 透過高等法院規則 Order 1A 所提出的基本目標。只有這樣，CJR 的推行才能保持動力。

第二，譯本再次嘗試說明 CJR 的長處。它不但希望能說服社會各界採納一個更符合效益的民事訴訟系統，還希望指出傳統的訴訟模式必須改變。沒有改變，不斷上漲的訴訟成本和時間的延誤只會對社會整體帶來傷害。

第三，譯本盡可能嘗試為廣泛讀者提供一個簡潔但全面的香港民事訴訟程序概觀。當然，譯本不能把讀者訓練

成律師。此書不是一本民事程序教科書。它只想在不過分簡化的前提下詮釋民事司法程序的基要。

譯本特別適用於在香港不幸被捲入民事法律糾紛的讀者。適用的讀者們有兩類。

第一類是想聘請律師的讀者。

律師通常會建議客人在同一糾紛中採取多項程序措施，這些建議多出於律師的謹慎。這是律師專業的一部分。有些措施儘管昂貴卻是必須的，可有些昂貴的措施則對迅速解決糾紛只起邊緣作用（或沒有作用）。

在聽取法律意見後，訴訟人便面對一系列的訴訟方案。他可以進取地向法庭作出所有可能作出的非正審申請，務求向對方施予最猛烈的攻勢。但是，每一個非正審申請都涉及時間和金錢。面對多項選擇的訴訟人應向律師詢問清楚究竟申請是否必要，並對獲得的法律意見多作思考。

用一個與汽車相關的通俗比喻：如果「本田」式的訴訟策略能有效（或更有效）地解決糾紛，那訴訟人何必要在相同結果下付出高昂的成本來進行「勞斯萊斯」式的訴訟？透過閱讀本書，我希望訴訟人能更適當地衡量（或

能更具體地詢問律師）如何採用最有效的方法解決糾紛的癥結。

第二類適合閱讀本書的讀者是不聘請律師的自我代表訴訟人。

儘管 CJR 致力減低訴訟成本，新措施未必惠及夾心階層。這個階層的人士由於擁有相當的資產而不合資格申請法律援助，同時他們的財富卻不容許他們聘請好的律師。在訴訟中，這些訴訟人便可能決定在法庭上自我代表了。

不幸地，一般自我代表的訴訟人很少能有效地管理訴訟（就算其理據具高度的說服力）。這是因為自我代表的訴訟人通常會過度粉飾自己的立場，不會一針見血地把理據呈堂。他們不會直接精準地點出申索或抗辯的理由，卻會長篇大論地道出很多與案情無關的細節，並胡亂作出無意義的程序申請。

因此，法庭（即使同情）很多時都不能準確理解自我代表訴訟人的理據。由於法庭必須維持中立，所以法官不能公開地提醒訴訟人應如何更有效地闡述案情。結果是自我代表訴訟人的冗長陳述和濫用程序大大減低了勝訴的機會，就案件所付出的精神時間亦變得費時失事。

法庭判案只考慮與案情有關的細節。知道甚麼細節與案情有關是經驗與智慧的累積。法律訓練能協助訴訟人分辨哪些細節跟案情有關,但是常識跟邏輯在分析案情時亦扮演相當重要的角色。必須謹記的是,不要向法庭陳述花言巧語。煽情和博取同情在法庭上是毫無作用的。

直接、簡潔是 CJR 的宗旨。訴訟人應直接簡單地指出其申索和抗辯的理據,這樣才能協助所有人(尤其是法庭)去清楚理解案件的具體糾紛。這適用於所有具律師代表或自我代表的訴訟人。透過了解 CJR 的各環節,我希望本書能協助自我代表的訴訟人在處理訴訟時能有紀律性地克制,用最簡單直接的方法把理據呈堂。

明顯地,CJR 不會解決所有問題。人性本身的複雜性不是 CJR 所能處理的。法律在處理人與人之間無窮無盡的糾紛時永遠在尋找答案。即使 CJR 的思維普及了,很多糾紛都會因其複雜性而涉及大量的金錢和時間,但是,CJR 是一個開始。如果我們要改變現狀,我們必須盡早啟程。至今,我們還差很遠的路。

此書的出版有賴很多人的幫助。我十分感謝他們。在此我希望特別鳴謝五位人士。其中四位(陳文敏教授、陳

弘毅教授、何錦璇教授和張淑清小姐）鼓勵我把英文原
稿翻譯成中文，並協助尋找合適的出版商。沒有他們，
這本書便不會出版。第五位，陳星楠先生，付出了他的
空餘時間協助翻譯，沒有他便沒有此譯本。

芮安牟
香港
2012 年 1 月 23 日

序

民事司法制度改革（CJR）從 2009 年 4 月 2 日起生效。從那天起，CJR 為香港民事司法程序帶來了重大的改變。

社會各界普遍認為法庭在處理民事訴訟時欠缺效率。案件往往久經拖延才能獲得審訊，而審訊的過程亦過於冗長，令當事人得不到及時和恰當的濟助。由於案件處理緩慢，訴訟變成是一個費時失事的遊戲。公眾亦未能負擔繁重法律程序所產生的高昂訴訟費用。

CJR 的推行將致力改變上述的弊處。但應從何處著手？

原則上，CJR 提議的是一個「訴訟文化的改變」。CJR 是一個從思維著手的改革。

新的思維體現於高等法院規則第 1A 號命令（RHC Order 1A）。命令中提倡四項同等重要的 CJR 規則。

規則一（Rule 1）明確定出 CJR 的基本目標（underlying objectives）。它們是：

a. 「成本效益」提高需就法庭席前進行的法律程序而依循的常規及程序的成本效益；

b. 「有效處理」確保案件在合理切實可行範圍內盡速有效處理；

c. 「有效處理、成本效益、實際審理」提倡在進行法律程序中舉措與案情相稱及程序精簡意識；

d. 「公平訴訟」確保在訴訟各方達致公平；

e. 「有效處理、成本效益、實際審理、解決爭議」利便解決爭議；及

f. 「有效處理、成本效益、實際審理、解決爭議、公平訴訟」確保法庭資源分配公平。

如上方括號中的註解，簡單而言，CJR 的基本哲學是使爭議在公平、有效、實際及具成本效益的環境下獲得解決。

規則二（Rule 2）指出，法庭在行使權力時，有責任「按照各方的實質權利」實行 CJR 的基本目標，謀求公正地解決爭議。

當然，法律存在的目的必然是協助爭議獲得公正的解決。但公義並不能被看成是一個空泛的概念。一個公正

的判決，不能單單是法庭死板地按雙方的「實際權利」就某個法律問題草擬出一個「正確答案」。公平原則不應該盲目地關注結果，卻忽略結果背後的法律程序。公正的制度必須（亦不能偏離）嚴謹地考慮如何去制定一套公平的程序。舉例說，法庭不能任由訴訟中的一方採取浪費成本及時間的策略，不公地拖延審訊的時間。換言之，CJR 提倡的「按照各方的實質權利公正解決爭議」包括制定一套公正的程序。如亨利・梅因（Sir Henry Maine）所言，實質權利是在和程序法的互動中體現的。

規則三（Rule 3）提出訴訟雙方以及其法律代表有責任去協助法庭按照 CJR 的基本目標解決爭議。

這改變了以往的訴訟思維。以前，訴訟雙方（通常在律師慫恿下）把訴訟看成是戰略遊戲。訴訟的目標並非減少雙方在某個問題上的分歧。相反，律師時常提出模糊的論點以保留選擇空間和掩飾我方立論的不足。同時，為了拖延時間，控方會提出大量非正審申請，又或是辯方會透過挑戰指控中每一個技術性的細節，向對方施予最大的經濟壓力，拖延案件的有效處理。

CJR 後，案件雙方均須互相合作，去協助法庭在具有效率和成本效益的前提下解決案件。

規則四（Rule 4）要求法庭透過積極的案件管理（case management）來實行 CJR 的基本目標。規則四（Rule 4）重申了規則一、二及三的重點。積極的案件管理確保雙方能採取合作的態度及具成本效益的方法，迅速地解決糾紛。

具體地說，法庭不會再容忍拖延。積極管理的其中一環是法庭會在訴訟各個階段設下時間表，要求雙方在限期前完成其應盡的職責。

以往，法庭所設的限期常被擱置，延期申請大多數會被批准。CJR 之後，法庭通常會在交換狀書及抗辯書之後，便馬上制定正審時間表。時間表會包括正審前各重要事項的完成限期，以及確定案件管理會議的日子，以便法庭能夠按時監察案件的進度。案件管理會議的時間是指標日期，除非有特殊情況，否則指標日期不會獲得延遲或更改。

時間表中的其他事項屬非指標日期（例如文件透露期限〔discovery〕，提供更詳盡及清楚的詳情〔further and better particulars〕等）。如雙方不能在限期前完成非指標事項，雙方便應在不影響指標日期的前提下給予對方合理的寬限期。

上述是 CJR 的簡議，其意義是很簡單的。但要真正體會 Order 1A 如何為香港民事司法程序帶來重大影響，便要

仔細地檢閱 CJR 在民事訴訟中各個環節所帶來的具體改革。此書的目的，便是要實質探討 CJR 在訴訟各階段帶來的改變。從入稟法庭開始，到正審後分配訟費，此書會比較 CJR 前後法庭如何處理案件。

這是我個人對 CJR 的分析。此書並非能在法庭被引述為法理的法律教材。此書討論的是 CJR 的重點，不會微細地討論 CJR 的細節。就 CJR 後的民事訴訟程序，外界有很多具詳盡註解的教材。此書是在一個宏觀的角度出發，探討 CJR 的範圍及局限。

為方便計，我會專注討論 CJR 在高等法院帶來的程序改變。我指出 CJR 同樣修改了區域法院規則（RDC）。修改後，除了某幾項重要分別外，區域與高等法院的規則已經大致相同。Order 1A 同樣適用於區域法院，而以下各章節指出的改變亦同樣能運用到區域法院的民事訴訟中。

最後在得到判決後，勝訴人將要執行法庭命令。對此，敗訴人不一定會按法庭命令跟勝訴人合作。要指出的是，CJR 並未改變現有的執行制度。法庭及社會各界正就執行法庭命令的措施是否需要改革進行考慮。有見及此，本書不會探討執行的細節，但是讀者不應忘記執行法庭判決的程序在民事訴訟中亦扮演十分重要的一環。

目錄

第一章　展開訴訟

引言

傳統上，訴訟可以由四種方法展開：傳訊令狀（Writ）、原訴傳票（Originating Summons）、呈請書（Petition）和動議（Motion）。

呈請書和動議的使用源自英國法律歷史。CJR 後，呈請書和動議的使用將局限於特定的專項訴訟。呈請書通常適用於公司及破產程序。動議則適用於海事案件以及向上訴庭提出上訴申請。

最常見的訴訟都是由傳訊令狀或原訴傳票展開的。故此，此章的重點是介紹這兩種展開訴訟的途徑。

原訴傳票（Originating Summons）

原訴傳票適用於雙方對案中事實沒有爭議的訴訟中。由於雙方不會爭辯案情發生的經過，法庭的責任便純粹是解答由案情所引發的法律問題，並不需審核證據去決定案情事實的真偽。

不同的原訴傳票

原訴傳票有三種。

速辦表格（Expedited Form〔Form 10〕）：在呈交速辦表格的同時，法庭會馬上定出雙方與法官或聆案官會面的時間。在這個簡短的聆訊中，法庭通常會安排呈交誓章的時間表，並批准雙方向法庭登記處定實在呈交誓章後的正審日期。

普通表格（General Form〔Form 8〕）：呈交普通表格後法庭不會馬上安排審訊時間。案件將按照高等法院規則（RHC）的一般程序，雙方依時認收傳票和呈交誓章。根據 RHC，在呈交所有誓章後，雙方才能就正審日期向法庭提出申請。

單方面原訴傳票（Ex Parte Form〔Form 11〕）：以單方面原訴傳票展開的案件通常只涉及申索人本身。舉例說，

假設公司需要就內部事項向法庭申請指引，在不涉及其他人或團體的情況下，公司便可運用單方面原訴傳票向法庭提出申請。

訴訟人應如何決定何時使用「普通表格」或「速辦表格」？

速辦表格只能在 RHC 或其他法例允許的情況下方能使用。否則，訴訟人應使用普通表格。

當然，許多人希望案件能盡快得到法庭審理。所以，在 CJR 前，儘管沒有法律依據，很多事務律師會習慣性地呈交速辦表格。法庭在收到申請後便會因程序不當而拒絕受理案件。訴訟人會因為錯填表格而浪費時間和金錢，並重新透過普通表格提出訴訟了。

CJR 在兩方面改善了以上情況。

首先，RHC 已被修改。速辦表格現已適用在大部分能以原訴傳票展開的訴訟。

第二，Order 2 Rule 1（3）列明，即使訴訟人使用錯誤的原訴傳票，法庭都不會完全否決申請。在這情況下，法庭會按普通原訴傳票的規則作相應的時間安排，讓案件依照普通案件的處理手法繼續下去。

第二項改善措施體現了 CJR 的重要主題，那就是重實質而輕形式。在維持公義的原則下，法庭將盡可能會實際地處理案件，不會輕易因技術問題而延誤處理。

原訴傳票的內容

原訴傳票的作用就如其英文名稱一樣。傳票「召喚」所有有關人士在指定的時間來到法庭，解決爭議的法律問題。

傳票通常會清楚列明法庭被邀請解答的法律問題。有見及此，如何草擬有關問題便十分重要了。有趣地，CJR前，很多律師並不會花時間去草擬清晰、具說服力，並富有意義的法律問題。通常傳票附件內的誓章只會含糊地描述雙方爭議的內容，並不會清晰地指出需要法庭處理的具體事項。因此，在審訊時，雙方通常須大費周章去弄清爭議的重點究竟是甚麼。

其實，傳票可被視為一個給法官回答的考試。

在格式上，最好的原訴傳票會提出「是」及「否」的問題，又或是選擇題。選擇題的定義是草擬人會提供幾個供法庭選擇的答案。例如：在某種情形下，按法律申索人是否應該做 I 或是應按辯方的說法做 II？如果有第三個合

法的選擇，申索人應把所有的可行選擇列明。

雙方可在任何階段修改傳票內容，以加入更多需要法庭釐清的問題。舉例說，如果法庭對某些問題的初步看法影響了雙方對爭議的分析，受影響的一方便可提出修改傳票內容以提出更準確的爭議重點。

原訴傳票會透過聆訊審理，直到解答所有問題為止。

原訴傳票的聆訊中不設證人作供。因此，原訴傳票只適用於雙方不打算爭議案情的訴訟。在聆訊中，法庭只會考慮誓章證據。理論上，誓章的宣誓人可以被盤問，但這在事實上很少會發生。

證人作供是法庭判別事實真偽的重要環節。法庭一般不會只按誓章內容對事實作出判決。雖然並不違法，但法庭了解誓章通常是由律師執筆，內容無可避免會帶有律師本身的偏見，並非宣誓者本身對案情的真正了解。

如果在原訴傳票聆訊中雙方對事實有簡單的爭議，法庭可容許雙方對誓章宣誓人作簡短的盤問。但是，如果案件有多項事實爭議，法庭便會命令將案件當作經傳訊令狀展開的訴訟進行了。

故此,在原訴傳票聆訊中,律師的陳詞應針對雙方在法律上的糾紛。律師應向法庭提供數項可供採納的方案,並嘗試說服法庭採用最有利我方的方案。

原訴傳票的程序凸顯了 CJR 另一個主題,那就是在訴訟中雙方應盡早對案情作明確分析,並清晰扼要地向法庭提出爭議的核心問題。

傳票的內容不能草率含糊。雙方的律師必須有明確方向,盡早掌握爭議的實質糾紛。

CJR 開始後,法庭會嚴格要求原訴傳票的內容具清晰意義。有了具意義的問題,雙方便能作有意義的回答,從中協助法庭解決訴訟中雙方的實質分歧。

傳訊令狀（Writ）

傳訊令狀分為普通令狀和特別註明令狀兩種。

通常,普通令狀會對申訴事項作簡短的描述。很多時候,描述只不過是列出訴訟人申索的依據,最多只會粗略指出案件的基本事實依據。由於普通令狀包含的資料不多,所以申索人不能從普通令狀中了解案件的核心矛盾。

不過，當抗辯人呈交「擬抗辯通知書」（Notice of Intention to Defend）的十四日後，發出普通令狀的申索人便須送達申索陳述書（Statement of Claim），詳細地描述其申索的事實細節。

除普通令狀外，申索人可以選擇發出特別註明令狀。特別註明令狀要求申索人在發出令狀時附上申索陳述書，待抗辯人在收到令狀後能馬上了解申索的細節。

從減省時間和資源的角度來看，特別註明令狀是相對有效的入稟辦法。

但好的申索陳述書是需要時間仔細編寫的。對於需要緊急進行的訴訟（比如臨近申索時限的案件），律師可能不會有足夠的時間去撰寫一份圓滿的陳述書。在這種情況下，向對方傳達普通令狀便能維持申索人的申訴權，並同時給予申索方有足夠時間去完成陳述書了。

抗辯方須以抗辯書回應申索陳述。抗辯書傳達後，申索方可以選擇就抗辯書內容進行回答。

同時，抗辯方可能希望反告申索人。在這情況下，抗辯人便應在抗辯書中附上反申索書。申索人在收到抗辯連反申索書後，便應就相應文件作出抗辯和回應。

傳令狀、抗辯書和回應的內容

在此章節我會指出數項撰寫狀書的基本原則。這些基本原則是書寫好狀書的指引,並非一成不變的律例。可是,若完全無視以下的提議,狀書的內容便很可能有欠清晰,使申請容易被法庭剔除。

原則一

每份狀書必須對案情的有關事實作精簡陳述。狀書中就事實的精簡陳述不應提及能證明事實曾經發生的證據。

這項原則在實質操縱上並不容易。狀書跟其他文章一樣,不能按科學指標量度質素。不同的人對狀書內容都能合理地持不同看法(例如甚麼事實與案情有關等)。所以,撰寫好的狀書是一門手藝。

如何在撰寫狀書時分辨甚麼事實與案情有關?如何分辨證據與事實的分別?

其中一個辦法是從結構上分析狀書應包括的內容。撰寫人可以先決定申索或抗辯的法律理據,然後找出理據所需的元素,並從案情中找出相應的事實(謹記是支持理據的事實,而不是成立事實的證據)。在找到足以成立理據的事實後,撰寫人應確保理據的每一項元素都能在

狀書中找到事實基礎。

讓我舉一個實際的例子說明。

假設申索人以違反合約的理由入稟。根據合約法，申索人須就違約證明三項元素。第一，申索人須證明合約的存在，他須指出在雙方之間曾提出過建議，申索人須指出建議的條款和雙方的合約責任，並指明建議如何被接受成為雙方之間的合約；第二，對方違反合約；第三，申索人因為對方違約而蒙受損失。

就違約的第一個元素，申索陳述書中應指出合約的存在。如果有關的合約是書面的，申索人須指出構成合約的文件並提供文件的日期。如果是口頭合約，申索人便需要詳細指出構成合約的對話詳情：誰對誰提出建議、建議被誰接納、提出和接納建議的時間和地點。如果合約是以行為構成，申索人便需要指出甚麼行為構成提議、甚麼行為構成接納。

就違約的元素，申索人需要指出違約的行為、時間和地點。

就因違約而蒙受的損失，申索人須詳列損失的項目，並準確地指出違約行為如何導致申索人蒙受甚麼樣的損失。

每一項申索都能按以上的結構，把法律理據分拆成相應的事實元素。由於撰寫人填寫在狀書中的事實與法律理據相應，這些事實在大部分情況下都會與案件相關。

撰寫人不應在上述結構外提供更多的資料。在一般情況下，申索人不應提出會如何從證據上證明事實的真確性。

所謂不應陳述證據，是指狀書不應包含任何申索人將賴以支持證明事實的材料。狀書的用途是指出爭議的事實基礎。當雙方列明爭議重點後，法庭便會透過案件管理協助雙方從指定途徑利用證據去證明或否定有關的指控。

原則二

就案情相關的文件或對話，撰寫人應扼要地指出文件和談話對案件的影響。除非原文對案件十分重要，否則狀書不應複述文件或談話的原文。

在 CJR 前，很多律師會把合約條文從頭到尾謄寫一次，卻不會在狀書中指出條文與案情有何關連。

這是不良的寫作風格。根據原則一，狀書應該就案情事實作出簡單陳述。如果撰寫人選擇在狀書中複述合約條文，他便應該指出該條文如何協助有關的指控或抗辯。

原則三

法律論點可以（但並非必須）透過狀書陳述。

狀書協助法庭了解雙方對案情的糾紛。狀書並非雙方進行法律辯論的平台。就法律論點的陳詞應等到法庭了解雙方就事實的分歧後，透過論點綱要進行。因此，在狀書中作出法律論點陳詞並不適當。

但原則三並非一成不變的。有時候對有關法律作簡短陳述有助法庭了解狀書的整體結構，例如為何撰寫人選擇就某些事實加於篇幅。在清晰立案的大前提下，撰寫人可在適當的情況下陳述其法律論點。

原則四

所有狀書均應就指控作詳細的陳述，尤其是對有關詐騙與誤導的指控，撰寫人必須把認為是詐騙或誤導的行為作詳細描述。

這原則背後的道理顯而易見。閱讀狀書的讀者必須明白狀書中所羅列的指控是否有基礎。狀書不應令讀者對指控內容有任何猜測。

故此，假設申索人就口頭合約提出訴訟，抗辯人必須要在狀書中找到聲稱的合約是透過誰在哪個時間地點達成的。

清晰及詳細的事實描述在涉及欺詐及誤導的案件中尤其重要。欺詐及誤導的指控對抗辯人的聲譽有重大影響。除非有足夠證據支持，否則律師不應隨便作出涉及不誠實的指控。在狀書中，律師一定要列出：誰對誰作出誤導、申索人認定是誤導的行為或言語、誤導行為發生的時間地點等、申索人在何時何地如何依賴誤導行為招致損失，還有申索人為何認為誤導是故意作出，而非抗辯人在無意和大意之間作出的等等。這些細節應該在狀書中作仔細披露，否則狀書便有可能被法庭剔除。

原則五

當指控涉及對方所知道的事項時，狀書應該對該知識作詳細披露。尤要注意的是，如果一方指對方「應該知道某事實」，指控方必須列明該事實的細節，以及對方為何應要知道該事實的原因。這原則對涉及欺詐的指控尤其重要。

如果指控是對方「知道」他曾經作出誤導，那麼撰寫人應在狀書中列出所有能協助法庭達致同樣結論的細節。

如果申索人的指控是對方「應要知道」某事件足以構成誤導（或者是「魯莽地」〔recklessness〕不顧及事件是否構成誤導），法庭會要求訴訟人在狀書中指出對方「應

要知道」的基礎。這是要讓對方準確知道指控的內容。我重申，狀書不應讓法庭與抗辯人猜疑指控的事實基礎。

原則六

在回應申索陳述書時，撰寫人需要回應對方作出的每一項指控。回應方可就每項指控作出承認、拒認或否認（admitted, not admitted, or denied）。若一方否認指控，他必須陳述否認的理由。假設他否認申訴方所描述的案情，他在否認指控後必須提供他認為是正確的版本。可是，回應方不可以在沒有可信理由的情況下就案情提出多個互相矛盾的版本。

CJR 對傳訊令狀的關鍵改革，是要求每個指控都獲得對方回應。由於每個指控都會被承認、拒認或否認，或這令雙方在訴訟早期便知悉案情的主要爭議點。

拒認和否認之間的分別是甚麼？在 CJR 前，兩者沒有明顯分別。CJR 更改了 RHC（高等法院規則）並澄清了兩者的分別。

如果一方否認指控，他必須在狀書中解釋否認原因。一般來說，否認是因為一方不同意對方的案情描述。在這情況下，否認方必須把他的版本透過狀書提出，作為否認指控的理由。換句話說，否認指控的一方必須提供事

實的另一個版本。

如果一方拒認指控，他並不需要就不承認提供理由。指控方必須在正審時透過證據證實指控。要注意的是，不承認指控代表回應方不同意事實曾經發生。由於事實從未發生，回應方不可以在正審時透過證供或證據提供案情的另一個版本。

在 CJR 前，訴訟人時常會就案情提供一連串矛盾的版本。例如抗辯人可能作以下陳述：

「我在 2009 年 4 月 1 日凌晨時分並不在地點一。」

「此外，如果（我否認）我在地點一，我並沒有駕駛案中的車輛。」

「另外，如果（我否認）我曾在地點一駕駛案中車輛，我並沒有撞到人士甲。」

「再另外，如果（我否認）我在地點一駕駛案中車輛時撞到人士甲，人士甲並沒有留意馬路情況。」

「再更另外，如果（我否認）人士甲有留意馬路情況並被我駕駛的案中車輛在地點一撞到，我並非刻意導致意外。我有把車輛駛離人士甲步行的方向。」

上述狀書並不能協助法庭解決爭議。狀書並未認真地指出案情真正的糾紛。抗辯人應該知道他是否於 4 月 1 日凌晨駕駛案中車輛。既然如此，何必浪費法庭時間提供以上多項有關時間地點的矛盾版本？

CJR 後，雙方依然能夠就案情提供另外版本。但提供的案情必須連貫而不會自相矛盾。法庭一般不會再接受矛盾的案情陳述。

會否有例外情況？其中一個可能是一方真的不知道哪個版本才是正確。這可能是因為他的證供並不涉及案中某個領域（他必須承認他不涉及其領域）。在這情況下，法庭可能接受他依照案情不同的版本作出不同的陳述。

CJR 也從另一個層面改變了狀書的結構。

在以前，律師會習慣性地在抗辯書尾加上「藉爭論點提出否認」（joinder of issue）。這是預防性的舉措。藉爭論點提出否認的意思是，如狀書未就某指控提出回應，該指控應被視作為否認有關指控。

CJR 後，由於否認指控必須帶有解釋。所以，傳統藉爭論點提出否認，現在會被視作藉論點作出拒認。

如果申訴方不回應抗辯書？以往，法庭會將不回應假設

成訴訟人對抗辯書中的新內容作出否認。CJR 後，法庭會把不回應當成是申索人對抗辯書中的內容當作拒認。

原則七

狀書必須附有屬實申述（Statement of Truth）。

這是 CJR 其中一項改革。這項改革重申了 CJR 協助雙方盡早找到糾紛重點的主題。

如上述，CJR 前抗辯人可以就案情作虛構性的多版本陳述。作出矛盾陳述的一方必然知道某些版本與真正事實存在分歧。

為填補虛假陳述的漏洞，陳述方現須在狀書後附上屬實申述。屬實申述的作用是核實狀書中的內容均為事實，並表明所表達的意見是真誠地持有。如果證實狀書中有虛假陳述，那麼陳述人就有可能負上蔑視法庭的刑事責任。

原則八

雖然狀書在原則上可隨時更改，可是，在 CJR 後，法庭只會在能協助公正判決或降低成本的前提下批准有關申請。實際上，更改陳述書必須能協助釐清糾紛的重點。空泛或不準確的更改在通常情況下是不會獲得批准的。

在 CJR 前，律師很多時會在正審前夕更改狀書，這導致

審訊時常遭到延誤。

CJR 後，如非必要，否則法庭不會容許審訊前夕的更改。

審訊前的延誤對減低成本和時間沒有幫助。案件雙方在審訊前要耗費資源（安排證據、證人和專家等）準備正審日子的來臨。法庭需要就審訊安排時間，導致其他訴訟人不能利用法庭資源。因此，如果法庭容許案件一方在正審前夕大幅更改狀書，導致案件不能依時處理，有關的延誤除了對受影響的抗辯人造成不公外，還會對等待法庭資源的其他訴訟人造成不公。

案件在 CJR 後是不應該被延誤的。如果律師稱職的話，他們便會在案件早期整理好爭議的重點，並透過交換狀書以及法庭的案件管理釐清需要經正審解決的事項。只要各方合作，案件通常不會有臨時更改的理由。

所以，越早申請更改狀書，被批准的機會便越大（在更改有助釐清糾紛的情況下）。越遲的申請越容易遭到拒絕。申請人必須提供合理的解釋，並提供誓章支持。

就更改狀書申請而作出的誓章應附有屬實申述。

原則九

如果一方沒有在狀書中詳細就某指控作詳盡解釋，法庭

會假設陳述方會在將來就指控作詳細證明。

狀書應該簡短。撰寫人不應就指控作過分描述。適當的描述令指控內容清晰便足夠。

CJR 的目的是要簡化形式,從實際角度解決爭議。CJR 的程序不會被技術性問題影響。法庭會致力協助雙方在訴訟早期知道如何從最有成本效益的方法有效地解決糾紛。

兩個壞例子

空泛的原則或許不能好好地解釋在 CJR 後撰寫狀書的方法。有見及此,我提供了一份陳述書和一份抗辯書在此章節後,並在適當地方提供了註解。兩個例子在 CJR 前可能會被勉強接受,但在 CJR 後便不及格了。狀書不及格的原因可以在註解中找到。

送達狀書

在登記處註冊後,申索人要把傳訊令狀送達抗辯人手中。一般來說,抗辯人必須在香港境內收到令狀。有時郵遞也是可以接受的方法。有效的送達辦法可在 Order 10 中找到。

在特殊情況下,法庭會批准在香港境外送達傳訊令狀。適用的情況可在 Order 11 中找到。

如果抗辯人希望對訴訟作出抗辯，他便需要在十四日內把擬抗辯通知書送回。

在填寫擬抗辯通知書後，抗辯人便須起草抗辯書。CJR容許抗辯人二十八天去草擬抗辯書（不再是十四天）。注意訴訟雙方在草擬狀書在時間上的分別。訴訟人就準備起訴在時間上基本上沒有限制，但抗辯人則只有六個星期就起訴作出回應。

總結

無論訴訟是用何種方法展開，CJR均要求爭議雙方在訴訟早期便馬上釐清案件的重點。法庭不再容許一方在傳訊令狀或原訴傳票中作出空泛的指控。

就成本而言，CJR提早了花耗費用的時間。在以往的訴訟中，由於法庭並不嚴格參與案件管理，訴訟人可在訴訟早期避免花耗太多的費用。在正審前他並不需要付出太多的律師費去研究案件的真正法律理據。CJR後，由於雙方在展開訴訟時必須明確知道指控所依賴的理據，訴訟人需要在訴訟早期聘請律師就案情進行研究，致使訴訟的早期成本上升。

但早期的成本上升意味著雙方在訴訟展開後很快便能理解雙方的理據的強弱。在這基礎上雙方應該可更清晰地考慮是否繼續循法庭程序去化解爭議。在民事訴訟中，正審往往是最昂貴的一環。在正審前研究案情的費用與正審需要的費用比較，早期的費用比起正審要低很多。如果早期的案情研究可以避免正審，CJR 便達到其增強效率、減低成本效益，以及公平解決爭議的目標了。

附錄一

HCA XX/2011

**香港特別行政區
高等法院**

原訟法庭

高院民事訴訟案 2011 年第 XX 號

梁聰明	原告人
及	
投資有限公司	被告人

【草擬】申索陳述書[1]

---

1. 如下所述，狀書所提出的是一個欺詐性或疏忽性的不實陳述
   （fraudulent or negligent misrepresentation）指控。要指控在
   法律上成立，申索人要證明：（1）抗辯人曾在簽署合約前向申
   索人作出事實陳述；（2）事實陳述是虛假的；（3）申索人透過
   行動依賴了虛假的陳述；（4）申索人因依賴虛假陳述而招致損
   失。此申索陳述書沿用了以上的元素作為狀書的整體結構。

2. （見下頁）「表示」用詞過於空泛。表示是以何種形式提出的（口述、
   書面或行動）？如果透過口述，是誰用甚麼字眼告訴申索人？狀書上
   的內容是陳述人的原話，或是申索人對原話的理解？如是書面，在哪
   份文件可以找到申索人認為是虛假的陳述？如是行動，誰的甚麼行動
   如何構成了具誤導性的虛假陳述？

1. 在 2007 年 12 月 1 日,抗辯人向申索人表示[2]如果申索人購買和投資[3]在抗辯人的避險基金(基金),申索人會獲得[4]比普通銀行存款[5]高出很多[6]的回報[7]。

2. 抗辯人知道[8]陳述是虛假的。

———————————

3. 「投資」是甚麼意思?申索人要如何做才能算是投資?

4. 「獲得」太過空泛。申索人的意思是否抗辯人保證「高出普通銀行存款很多」的回報?如是,申索人應清楚表達曾經得到保證。

   這裡還有一個法律上的難題。在法律上就將來可能發生的事而作出的陳述並不屬於事實的一種,故不能以此起訴。為避免這個問題,通常律師會在狀書中說明當抗辯人作出有關陳述時,並沒有合理的事實根據足以支持其陳述會在將來變成真實,又或者是當抗辯人作出陳述時,他是魯莽地(recklessly)沒有顧及他所作出的陳述是否會變成事實。此狀書卻明顯地沒有考慮其論點的法律障礙。

5. 甚麼是「普通銀行存款」?

6. 「高出很多」用詞空泛。多少才算是很多?

7. 「回報」用詞空泛。基金的單位價格會升會跌。如果價格上升,其升幅算不算在「回報」裡面?購買單位後申索人可能會有獲得分紅的權利。分紅所得的盈利又算不算在回報裡?

8. 這其實是指控對方詐騙。指控提出的是抗辯人蓄意地(即是在知道陳述虛假的情況下)誤導申訴人。在欺詐的指控中,法庭要求狀書清楚表明細節。可是狀書的段落 2 卻沒有說明任何細節。申訴人基於甚麼事實和原因認為抗辯人是蓄意做出虛假陳述?在詳細的事實和原因下,法庭便能衡量詐騙的指控是否有根據。法庭會考慮如果有足夠證據支持,狀書內的事實和原因是否足以讓法庭相信詐騙。如果狀書中的原因(假設有足夠證據)不足以讓法庭相信詐騙,那麼法庭便可能會剔除相關的內容了。

3. 另外，抗辯人在作出有關陳述時曾魯莽地[9]不顧其陳述是否屬實。

4. 再另外，抗辯人疏忽地沒有採取合理措施[10]去證實其陳述是否屬實。

---

9. 申索人未有就「魯莽」提供足夠細節。魯莽代表陳述方有足夠的事實基礎去相信陳述與事實不符（或在知道的基礎上漠視陳述是否符合事實），卻依然做出可能是虛假的陳述。所以，申索人應指出陳述方應該知道（或遭其漠視）的事實。

有人會問段落 3 的另外指控在提出蓄意作虛假陳述後是否依然適當。在這情況下疏忽跟蓄意兩者之間並不矛盾。這是因為只有抗辯人自己才知道陳述背後的事實根據。申索人能做的只能是在客觀事實上列舉可能並合理的推論。而在這情況下，只要能指出抗辯人有特殊知識令其知道陳述可能與事實不符，法庭便可以就證據推斷抗辯人是否蓄意或者魯莽了。

10. 甚麼是合理措施？抗辯人應該用（或沒有採取）甚麼行動來證實陳述是否屬實？

這是否合適的另外指控？申索人以詐騙作為指控（蓄意或魯莽地作虛假陳述）。詐騙是嚴重的指控，法庭是否應該容許申索人在做出嚴重指控後加入不涉及詐騙的另外指控？

另外，申索人有否考慮控告詐騙能帶來甚麼利益？雖然法庭在詐騙案中會判給勝訴方較多的賠償金（法庭在詐騙案中就間接損害的接受度比較寬容），但是，由於申索人只想拿回投資金額，詐騙在賠償金上並不能帶來太多的影響。再者，由於詐騙的嚴重性，申索人在舉證上必須負上比疏忽更大的包袱。既然如此，何不一早就以疏忽作為指控基礎？還有一層考慮便是詐騙指控可能導致雙方的情緒受到不必要的挑釁，這對解決問題是沒有幫助的。

5. 在所有有關時間內，抗辯人有意[11]導致申索人依賴其陳述。

6. 在 2008 年 1 月 1 日，在依賴抗辯人虛假陳述的純粹[12]基礎下，申訴人支付了一百萬港元的支票給抗辯人用作購買一百萬個單位的避險基金。

7. 透過付款，申索人跟抗辯人成立了合約[13]關係。合約存在的證據是抗辯人曾接受申索人一百萬元的收據。

8. 以 2009 年 1 月 1 日為止，基金並沒有向申索人提供任何回報。[14]相反，基金的單位價格從 2008 年 1 月 1 日的 1 元跌至大約 0.01 元，並一直徘徊在相若價格。

---

11. 抗辯人如何有意？抗辯人希望申索人如何依賴其陳述？

12. 「純粹」是多餘字眼。

13. 所謂的合約是何種合約？是口頭、書面或是從雙方行動所推論出的合約？合約的條款是甚麼？申索人的指控是失實陳述而並非違約，但由於申索人並未就此作詳細説明，所以法庭不能肯定到底指控是甚麼。

14. 這兒的分析有漏洞。如果申索人作出的是違約指控的話，為甚麼基金價格下跌便是違約？申索人又為甚麼選擇 2008 年 1 月 1 日和 2009 年 1 月 1 日作比較？如果價格在 2008 年曾上漲的話，為甚麼遺漏這方面的細節？基金又是否曾經有分花紅？由於申索人之前沒有好好提供詳情，所以法庭不明白為何申索人會單單以基金價格作評估基礎。

9.　在 2009 年 1 月 2 日，申索人透過信件（合法地）通知抗辯人：

　　i. 以虛假陳述 [15] 為根據廢除雙方的投資合約，並；

　　ii. 要求抗辯人支付一百萬港元的賠償金並賠償利息。[16]

10. 抗辯人至今依然未支付賠償金任何部分。

11. 就上述原因，申索人遭到損失和損害。[17]

申請人提出以下資助：

　　a. 一百萬港元；

　　b. 另外，賠償金；

---

15. 失實陳述的賠償基礎是按侵權法的基礎計算而非按合約法的基準。按侵權法，法庭應把申索人恢復到虛假陳述未有作出前的狀態。虛假陳述的賠償不會按如果陳述成真的方法計算。所以，由於申索人希望拿回一百萬元，他的指控應是虛假陳述而不是違約。如果是這樣，申索人應該清晰明確地指出。

16. 利息率應該是多少？

17. 這在 CJR 前被慣性加入在狀書中，CJR 後這可能不再適用。申索人遭到甚麼損害？如果申索人只是想取回一百萬元的話，有否損害便跟案情無關了。

c. 按高等法院條例（Cap. 4）計算的利息；

d. 訟費；

e. 其他濟助。[18]

---

18. 狀書應附有屬實申述。

附錄二

HCA XX/2011

香港特別行政區
高等法院

原訟法庭

高院民事訴訟案 2011 年第 XX 號

梁聰明	原告人
及	
投資有限公司	被告人

【草擬】抗辯書

---

1. 除非另外指出，否則此抗辯書中內容裡的段落數是指在申索陳述書的段落數。

2. 在此抗辯書中，抗辯人採用申索陳述書內的簡稱。

3. 抗辯人重申，儘管抗辯書會回應申索陳述書的內容，但回應不代表抗辯人接受申索人的申請有合理的法律根據。[1] 抗辯人保留以濫用訴訟程序為理由向法庭申請

---

1. 此類句子在 CJR 很普遍，但是它並不能協助法庭理解案情。為甚麼申索人的指控沒有法律根據？這樣的用詞相當具恐嚇性，但對解釋抗辯人的論據卻沒有幫助。

剔出申索陳述書全部內容。

4. 抗辯人否認段落 1。抗辯人從來沒有作出所稱的陳述。[2]

5. 再者或另外：[3]

    i. 抗辯人曾經跟申索人在對話中指出，如申索人投資在基金中，申索人可能會獲得比普通銀行戶口更高的回報；

    iii. 但是，在所有有關的時間內，抗辯人均強調基金投資跟其他投資工具一樣有升有跌。

6. 再另外[4]，如果（抗辯人否認）抗辯人曾作出申索人聲稱的陳述，有關的陳述不足以構成法律起訴。

7. 抗辯人否認段落 2。[5]抗辯人重申抗辯書的段落 4、5 和 6 的內容。

---

2. 否認後，抗辯人必須就否認事項提供我方案情。這裡「沒有作出所稱的陳述」不過是重複否認，卻沒有就案情提供另外版本。

3. 這比較像是就否認的事項提出另外版本。但為甚麼不在抗辯書中的段落 2 提出？還有，這裡的內容跟申索陳述書一樣空泛。甚麼是「投資在基金中」？甚麼是更高的回報？甚麼是普通的銀行戶口？

4. 這為甚麼是例外？為甚麼對方的指控沒有法律根據？這段的內容只不過是之前的重複。

5. 內容過於簡單。抗辯書中的段落 4、5 和 6 如何就失實陳述提供我方的版本？

8. 抗辯人否認段落 3。[6] 抗辯人重申抗辯書的段落 4、5 和 6 的內容。

9. 抗辯人否認段落 4。在所有有關的時間，抗辯人在推 銷基金時均有遵守所有適用的香港法律及規則。[7]

10. 抗辯人否認段落 5。[8] 抗辯人重申抗辯書的段落 4、5 和 6 的內容。

11. 除了否認申索人曾經依賴聲稱的陳述外，抗辯人接受 段落 6 的內容。

12. 申索人支付一百萬支票給予抗辯人的原因，是因為申 索人本身在沒有倚賴抗辯人陳述的情況下認為基金是 合適的投資。[9]

13. 除承認雙方存在合約關係外，抗辯人否認段落 7。[10]

---

6. 抗辯書中的段落 4、5 和 6 如何就魯莽的指控提供另外版本？

7. 抗辯人所指的法例和規則包括哪些？

8. 就依賴陳述否認的我方案情是甚麼？抗辯書中的段落 4、5 和 6 並 沒有透露任何有關依賴的資料。

9. 這是就抗辯書中的段落 6 內「有關陳述不足以構成法律起訴」作的我 方案情補充。但在申索書內容空泛的情況下，抗辯人所承認的合約是 口頭、書面，還是按雙方行為而推斷？

10. 在承認有合約的情況下，段落 7 還有甚麼能被否認？

14. 再者或另外，雙方合約的其中一項明文或隱含條款[11]，是申索人在決定投資基金時並沒有倚賴抗辯人作出的任何陳述。

15. 抗辯人否認段落 8。[12]

16. 再者或另外[13]，在 2008 年 9 月 22 日，基金的單位價格曾升至 1.50 元。如果申索人曾賣出所持有的部分或全部基金，他便能獲得十分豐厚的回報。

17. 除承認申索人曾寄出有關信件外，抗辯人否認段落 9。[14]

18. 詳細地[15]，抗辯人否認申索人有權廢除合約並取回一百萬元及利息。

---

11. 明文條款的根據是甚麼？在哪裡可以找到？隱含條款的根據是甚麼？隱含的法律基礎是甚麼？

12. 這看起來比較像是純粹的否認，抗辯人應該選擇以「不承認」來回應。

13. 這裡的內容是甚麼事實的「另外」？

14. 需要更多細節，否認的事項是甚麼？為甚麼否認？

15. 這沒有就否認提供更多的資料。為甚麼申索人無權廢除合約？抗辯人的辯護是曾做出的陳述不足以構成法律起訴。另外，即使陳述足以構成法律起訴，申索人亦沒有依賴陳述；再者，即使申索人有所依賴，他依然能夠在高價位賣出所持有基金獲利。但是這些理由沒有在抗辯書中清楚列明。抗辯人的辯護理由在整體上都比較空泛，原因大概是希望保留所有可能的抗辯理由。但這樣做無助雙方釐清爭議的重點。

19. 除了承認抗辯人從未支付任何金額給申索人外，抗辯人否認段落 10。[16] 抗辯人拒絕支付的原因是申索人無權從抗辯人身上取得任何賠償。[17]

20. 抗辯人否認段落 11。[18] 申索人沒有蒙受任何損失。

21. 抗辯人否認申索人有權取得申索的賠償或任何其他濟助。[19]

22. 除在本抗辯書內承認的內容外，抗辯人否認[20] 申索書內作出的所有其他指控。[21]

---

16. 為甚麼否認段落 10 ？

17. 為甚麼申索人無權取得賠償？

18. 如果抗辯人的理據是即使申索人的指控正確，申索人亦未蒙受損失的話，那麼抗辯人需要就理據作出更詳盡的解釋。

19. 這是 CJR 前經常用到的字眼，但其意義似乎不大。

20. 就未有回應的指控，CJR 後法庭會把不回應當成是不承認。

21. 抗辯書應附有屬實申述。

第二章：準備訴訟

引言

在第一章中，我解釋了雙方在訴訟早期便立刻仔細分析案情的重要性。早期的案情研究有助雙方在正審前理解自身理據的強弱。對勝算的客觀評估有助鼓勵雙方和解。訴訟雙方要謹記的是，CJR 後訴訟不再是單純的技術性戰略遊戲，法庭不會容許雙方濫用技術性技巧拖延案件處理。

就算雙方未能和解，CJR 起碼會為訴訟雙方省下金錢和時間。若果雙方一早清楚了解糾紛的重點以及雙方論據的強弱，那麼雙方便不會指示律師在無關痛癢的事項上花費太多的時間作無結果的糾纏。如果雙方理據具清晰重點，正審的過程便會流暢及省時，而訴訟的成本也自然會比 CJR 前降低很多。

接下來的兩個章節會重點討論在狀書交換期完結後，雙方

應如何就正審作準備。這段時間在法律上稱為「非正審階段」（interlocutory stage）。

此章透過訴訟人的角度，探討訴訟人應在正審前考慮的事項。下一章則會從法庭角度出發，探討法庭會如何在正審前透過案件管理協助雙方釐清案情重點。

大致上，訴訟人在非正審階段須處理以下五類事項：

1. 挑戰司法管轄權（如果有懷疑）；

2. 取得抵押（如需要）；

3. 優化狀書內容和專家證據；

4. 從狀書中剔除非重要事項；

5. 採集證據。

考慮一：挑戰司法管轄權

如第一章所提及，司法管轄權是透過在香港境內把令狀送達抗辯人手中所建立的。

抗辯人能依法挑戰司法管轄權。最常見的理由包括：（1）雙方曾就爭議事項達成仲裁協議；（2）境外法庭比香港法

庭更加能公正、省時和合成本效益地處理案件（*forum non conveniens*）；（3）訴訟雙方之間存在境外專有審判權協議；（4）境外法庭已經就相同爭議受理（*lis alibi pendens*）。

假若挑戰成功，法庭便會擱置（而非撤銷）訴訟。擱置並非永久性的，若挑戰成功，挑戰人有責任就訴訟透過適當的渠道盡快解決。如果挑戰人在解決爭議的過程中製造任何拖延或阻礙，訴訟人便能向香港法庭申請取消擱置，並在本港繼續訴訟了。

CJR 就司法管轄權申請加入了數項改革。

第一，我在第六章會提到，CJR 後爭議雙方能就訟費事宜向法庭申請展開「純訟費程序」（costs-only proceedings）。在純訟費程序中，法庭會處理雙方在和解後遺留的訟費問題，純粹決定如何分配訟費責任。就純訟費程序而言，Order 11 現在准許法庭在香港司法管轄權範圍外送達純訟費程序令狀。

第二，CJR 釐清了法庭是否有權命令第三者支付訟費。這裡提及的第三者是指向訴訟提供經濟援助，卻不屬於申訴或抗辯任何一方的人士。在適當的情況下，勝訴方現可以向法庭申請向第三者索取訟費。法庭亦可批准把有關狀書送達至在本司法管轄範圍以外的地方。

尤為重要的第三項改革，是 CJR 對高等法院條例（Cap. 4）
以及仲裁條例（Cap. 341）作出的更改。現在，法庭有權
就正在（或將在）海外進行的訴訟或仲裁提供臨時濟助。

以往，雙方不能在沒有實際訴訟的情況下向法庭申請臨時
濟助（*Siskina* Principle）。舉例說，申索方不能因為在海
外進行的訴訟在香港向法庭申請針對抗辯方在本港資產
的凍結令（*Mareva* Injunction）。像禁制令等的臨時濟助
必須有本地的實際訴訟作為申請的依據。諷刺地，*Siskina*
Principle 在英國上議院判決後馬上便被立法取締。而在香
港，判決卻一直被保留至 CJR 的改革。

法庭在提供支援海外訴訟的臨時濟助沒有形式上的限制。
因此，法庭可以按情況頒布凍結及其他禁制令，指派臨時
接管人或發出搜查令（*Anton Piller* Orders）等。

在決定就海外訴訟作出臨時濟助前，法庭要考慮在海外進
行的訴訟判決是否能在香港執行。

由於更改猶新，現階段很難具體評估法庭將如何行使有關
權力。可預計的是法庭應該會保留現存就提供臨時濟助
的法律考慮，並採取務實的態度，平衡臨時濟助對雙方
帶來的利弊和整體便利性。這個評估過程在法律上稱為
American Cyanamid Test。

抗辯人需要在送達抗辯書前提出對司法管轄權的挑戰。若抗辯人送達抗辯書或在時限內沒有就管轄權提出挑戰，通常在法律上會被視作接受香港的司法管轄權。此後，法庭將不會受理有關的挑戰申請。

考慮二：取得抵押

一般就取得抵押作出的申請包括：（1）資產凍結令（*Mareva* Injunction）；（2）凍結申訴人被抗辯人所佔有的資產命令；（3）搜查令（*Anton Piller* Order）；（4）保證金申請（security for costs）及其他非正審申請。

資產凍結令的作用是在正審完結前凍結屬於抗辯人的資產。申請人需要詳細舉證，證明若果凍結令被拒，抗辯人則「很有可能」（real risk）移走被申請凍結的資產而逃避法庭判決。

資產凍結令跟凍結申訴人被抗辯人所佔有的資產命令不同。後者需要申請人舉證證明被申請凍結的資產的確屬於申請人。

搜查令容許申請人進入屬於抗辯人的地方進行搜證。這容許申請人防止抗辯人暗中毀滅對其不利的證據。由於搜查

令對抗辯人的私隱和物業帶來重大不便，故除非申請人證明其利益遭到巨大侵擾，否則法庭不會輕易頒布搜查令。此外，法庭會在搜查令中加上執行條件，例如要求中立的律師參與等。

法庭會按抗辯人申請考慮是否要求申索人提供保證金，以確保如若抗辯人勝訴，申索人能負擔抗辯人的訟費。法庭通常會要求非長居香港，並在本地沒有資產的申索人提供保證金。同樣地，在足夠證據支持下，法庭亦會要求有經濟困難的公司支付保證金。但是，既使能被證明申訴人不能負擔訟費，法庭有權拒絕抗辯人的保證金申請，以避免不公平妨礙申訴方行使其法律權利。

當保證金命令發出後，申索的其他法律程序會被擱置，直到法庭受到申索人提供的保證金為止。

抗辯人有當然權力去為自己辯護。所以，法庭通常不會要求抗辯人支付保證金。

申索人通常會透過非正審申請去維持現狀直至正審。舉例說，如申索人提出的訴訟是為了在抗辯人的土地上行使某項權利，那麼申索人便能在正審前向法庭申請臨時濟助，讓他能在正審前繼續在抗辯人土地上行使申索人認為是屬於他的權利。

凍結令以及搜查令屬於臨時禁制令。在考慮是否頒布臨時命令時，法庭會按 *American Cyanamid* 原則考慮：（１）申請人的申請是否具備可訴性（arguable case）；（２）如申請具備可訴性，法庭便會作出利弊平衡。

平衡利弊時，法庭首先考慮如果申請被拒，賠償金是否足夠在申請人勝訴時賠償損失，如果可以，法庭便不會批准申請。

如果賠償金不足以在申請人勝訴後彌補損失，法庭便會考慮如果頒布禁制令，賠償金是否能在抗辯人勝訴的情況下彌補抗辯人因禁制令所蒙受的損失。如果可以，法庭便會頒布禁制令。

如果賠償金亦不足以賠償抗辯人的損失，那在相等情況下，法庭便會採取最能維持訴訟前情況的方案。

有時法庭很難評估或保留訴訟前的情況。在這情況下，法庭便會考慮其他有關應否頒布禁制令的因素。如沒有特別原因，法庭便會在粗略評估案情後，按雙方案情強弱就禁制令作出裁決。

凍結、搜查和其他禁制令很多時都是透過緊急單方面的申請（urgent ex parte applications）所提出的。單方面申請

代表抗辯人不會有機會就禁制令作陳詞。

單方面申請的原因是如抗辯人知悉禁制令申請，他便會馬上摧毀對其不利的證據或轉移名下的資產。作出緊急申請的原因是基於若有任何不合理的延誤，抗辯人便已經摧毀證據或轉移資產，致使禁制令失去效用。禁制令是衡平法的濟助，法庭對衡平法的濟助有很大的酌情權。衡平法的基本原則是法庭不會協助拖延行使法律權利的申索人。若果申請人就緊急的事項有所拖延，那麼法庭通常會行使酌情權拒絕遲緩的申請。

同時，由於抗辯人不能在單方面申請中向法庭陳詞，申請人有責任向法庭就申請作全面以及誠實的披露（full and frank disclosure）。在公平原則下，申請人在單方面申請中必須陳述所有能左右法庭判決的事實和法例。申請人必須提出抗辯方就禁制令可能提出的反對，並向法庭解釋反對無效的原因。

考慮三： 優化狀書內容

通常的申請包括：（1）更改狀書內容；（2）要求提供更詳盡清楚詳情的請求書（request for further and better particulars）；（3）質詢書。

對於更改狀書內容，以及要求提供更詳盡清楚詳情的請求書的申請，申請人需要附上屬實申述（Statement of Truth）。

質詢書要求透過誓章解答另一方就案件提出的問題。訴訟雙方不能隨便提出質問，問題必須協助雙方了解訴訟的核心問題。質詢書必須有助減低訴訟的時間和成本。

考慮四：剔除非重要事項

一般的申請包括：（１）剔除全部和部分狀書內容；（２）就申索或申索部分申請簡易判決。

剔除申請要求法庭剔除狀書內容中無法律或事實根據的申索事項。

簡易判決申請的基礎是抗辯方未能就申索提出合理辯護。若果法庭認為在法理及雙方已接受的事實基礎上，抗辯人將不可能提出合理辯護，繼續訴訟只會浪費成本和時間，法庭便會頒布簡易判決避免正審。

有人可能質疑 CJR 後剔除申請和簡易判決是否繼續有必要。由於雙方論據的弱點會在早期案件管理中釐清，故此，法庭理論上可單方面剔除狀書中毫無根據的理據。

考慮五：採集證據

在非正審申請中，舉證是透過誓章呈堂的。誓章應詳細列出支持有關申請的事實證據。誓章不應帶有法律陳詞。有關法律的論點和理據應留待律師在審訊中以誓章內容作為依據在庭上陳述。

通常法庭不會在審訊中聽取傳聞證據（hearsay evidence），就算傳聞證據被呈交法庭，法官亦會嚴重質疑其可信性。不過，在非正審申請中，法庭可在特殊情況下接納並在判決時考慮傳聞證據。在這種情況下，支持非正審申請的誓章便可附帶宣誓人從第三者身上聽取的資訊，以傳聞證供合法呈堂。在所有其他的情況中，例如就正審而作出的誓章內，宣誓人則必須把內容規限於本身所知道的事實，並避免提供從第三者所得的傳聞陳詞。

在非正審申請中，雖然法庭可以容許宣誓人親自上庭接受盤問，但只有在少數情況下法庭才會要求證人就臨時濟助親身上庭。這跟非正審申請的本質有關。臨時濟助的考慮因素在於如何在正審前最有效地平衡雙方的利益。法庭並不會在現階段考慮雙方論點的實質強弱，或評核支持其論點事實的真偽。由於盤問的主要作用是協助法庭決定證供的真偽，所以通常法庭並不會要求證人就臨時濟助申請作供。

一般的文件互換

訴訟雙方有責任互相透露彼此擁有的證據。須披露的文件須與案件有關，並包括雙方現在或曾經管有、保管或控制的文件。只有已經披露的文件才可在正審作為呈堂證據。

甚麼算是與案件有關的文件？按普通法，法庭會依照 *Peruvian Guano* 原則評核文件是否與案件有關。評核有兩個部分。照案例，訴訟方有責任披露：

1. 任何不利我方或支持對方理據的文件；或

2. 不直接屬於案情或其背景，但可能引出一連串質詢（train of enquiry），造成不利我方或有利對方的文件。

由於 *Peruvian Guano* 定義廣泛，沃爾夫勳爵認為此原則已為訴訟文化帶來過量的文件透露活動。在 CJR 前，法庭經常處理大量的文件透露申請。訴訟雙方經常慣性地依賴 *Peruvian Guano* 的第二部分，以文件可能引發一連串質詢為理由，毫無節制地利用文件透露申請，希望從排山倒海的文件中找到可供利用的證據。毫無節制地申請文件透露是訴訟成本上升的其中一個主要因素。

一般來說，被要求披露的文件並不能實際地有力支持雙方

的論點。因此，CJR 為控制雙方就文件透露付出的成本而簡化了 *Peruvian Guano* 的雙軌制度。簡化的透露原則是文件必須與案件有「直接關係」（directly relevant）。直接關係可被理解成涉及 *Peruvian Guano* 第一部分的證據，也就是說直接不利我方或支持對方理據的文件。

雖然 *Peruvian Guano* 在 CJR 後仍然是文件透露的基本原則，但是法庭在早期案件管理中，會與訴訟雙方一起考慮是否可以把文件透露限制在與案件有直接關係的文件上。在許多案件中，要求透露非直接有關的文件只會增加成本，並通常對解決訴訟沒有必要性的幫助。

CJR 就管理文件透露有更多的政策。法庭現在有權大幅度限制文件透露的方法、範圍以及時間，藉此為案件度身訂做文件透露的路線圖。因此，訴訟雙方應在訴訟早期考慮是否邀請法庭作出以下命令：

　　1. 在雙方同意的情況下取消文件透露 ；

　　2. 文件透露過程被限於某特定事項上；

　　3. 把文件透露順延至法庭就某特定事項作出裁定後才展開；

　　4. 以透露文件類別取代透露個別文件；

5. 在各文件類別中透露個別樣本；或

6. 分期透露文件。

法庭明白訴訟雙方希望從全面文件披露中找到之前未發掘到的「寶藏」，但這種心理很多時在浪費時間之餘，還會為訴訟增加不必要的成本。

較為符合邏輯的方法是讓訴訟雙方在訴訟展開後馬上與律師分析案情，在找到案件重點之後考慮如何證明我方陳述的事實和如何否定對方的案情。之後雙方應考慮就每個重點所涉及的文件證據，並就文件透露取得共識，然後按共識向法庭申請有關指令。

入稟前的證據採納

除人身傷害的案件外，法庭在 CJR 前不會容許申索人在入稟前向對方要求證據。CJR 現在容許法庭作出有關決定，但申請人需要證明有關證據與案件有直接關係。

向非訴訟方採納證據

在 CJR 前，法庭會按普通法作出向非訴訟方取證的命令。有關命令叫作 *Norwich Pharmacal* 命令。此類命令適用的典型例子，包括申索人在訴訟前需要向銀行取得抗辯人的戶口資料，以入稟法院向抗辯人（非銀行）追回戶口內屬

於申索人的金錢。

CJR 現已立法承認普通法的濟助。RHC 現容許法庭以 *Peruvian Guano* 作原則允許申索人申請向第三者取得對案件有直接關係的證據。

事實證人的證供

除文件證據外，訴訟雙方還可能希望呈上證人或專家的口頭證供。

現實中，事務律師會在訴訟展開或進行時為客人錄取證供。這些樣本會成為呈交法庭的證人陳述書的基礎。CJR 後，每份陳述書都必須附有屬實申述。

證人陳述書會詳述證人會在庭上陳述的案情事實。陳述書的內容應全面並清晰地錄取證人的供詞。陳述書會在正審時被視作主問證據，而證人能在法官容許的情況下對供詞作補充。要求證人作補充的律師需要向法庭提供需要證人就供詞以外作補充的原因。

實際上，證人須就供詞作出補充，以解釋和強化供詞的內容。但補充應該簡短，並應在數分鐘（而非數小時）內完成。否則，證人便等於透過補充向法庭提出新的供詞，替回應方造成不公平了。

要求證人提供陳述書的原因是防止訴訟雙方在對方毫無準備的情況下提出新的事實證據。CJR 強調訴訟雙方不應該就案情作保留。這代表訴訟雙方在正審前應準確知道對方手中的底牌，並按照案件管理內提出的案情重點進行舉證。就算法庭容許，新的案情指控都會拖延案件進度。除非有非常特殊的理由，否則法庭將不會容許任何新的指控。

專家證人的證供

希望提供專家證供的一方須獲得法庭的相關指示。法庭會要求申請一方向法庭詳細列明需要專家協助的實質問題。

提問專家證人的問題例子有哪些？

CJR 前，律師不會就涉及專家意見的事項向法庭提供詳細說明。舉例說，他們通常只會空泛地向法庭申請讓專家就「賠償金額」或「拖延」提供專家證供。這對法庭解決問題無甚幫助。當法庭批准專家作供後，雙方便會指示專家們就「賠償金額」和「拖延」作出兩份不同的報告。由於報告的內容全部是專家們自己決定，他們通常會列舉一連串有關或無關案情的意見。而法官則需要在冗長的報告中尋找哪些意見與案情有關。如此空泛的專家證供在 CJR 後不會被法庭所容忍。

繼續「賠償金額」和「拖延」的例子。CJR 後,訴訟雙方需要就「賠償金額」和「拖延」向法庭指出需要專家回答的具體問題。雙方需要就每條問題按「是」或「否」的形式作出,或提供「選擇題」給予專家回答。法庭會把雙方的問題歸納後指示該範疇的專家們回答同一份專家問卷。

在新制度下,雙方的「賠償金額」專家們會回答一式一樣的「賠償金額」問題,而就「拖延」提供意見的專家們會就有關「拖延」的事項回答一式一樣的問題。在收到回應後,法官便能在判決時清楚知道專家對特定事項的觀點,並決定採納誰的意見。新的系統容許法庭獲得準確的比較,使法官不必再從長篇大論的報告中尋求或猜度專家的意見。

如何起草提供專家回答的問題是一門藝術。其挑戰在於如何準確地提出一連串含意義並符合邏輯性的問題,令問題的答案可以具體地協助法庭評審事實上的爭議。最重要的是,律師應該提供何種問題給予專家來回答。

評估以下的例子:「甲是否違反了消防安全規則?」這並不是適合詢問專家的問題。法官能自己閱讀消防安全規則並決定甲是否違規。這是屬於法官的職責範圍而非專家能

提供意見的地方。

可是，消防安全規則可能包含技術性字眼。訴訟雙方可能就字眼的技術含義有所分歧。在這情況下，熟悉消防安全的專家便可就字眼的技術含義提供意見，協助法庭分析有關的安全規則了。

一般來說，雙方不應就法律事項，例如法例釋義及法律責任等問題向專家索取意見。專家應該就雙方在某技術範疇內的事實爭議提供意見供法庭參考。如上述，技術問題與法律問題可能有重疊的地方，就此法庭可在案件管理中提出意見以協助雙方起草適當的專家問題。

專家證人的守則

CJR 後，雙方的專家會在不具約束力（without prejudice）的基礎下，在正審前互相交換報告的草稿。交換文件後，雙方面的專家會進行會面（同樣是不具約束力），以釐清雙方同意以及持不同意見的事項。在會面後，雙方會把會面內容筆錄成共同報告，並互相交換最終的共同報告。專家在最終報告中，要清晰列出雙方就被詢問的問題是否意見一致。對於意見分歧，報告應包括雙方的意見，並解釋為何法庭應採納自己的版本。當然，雙方專家的意見必須圍繞事先經過法庭批准的具體問題。

在最終的報告中，專家必須確認曾經閱讀並了解 CJR 透過 RHC 列出的專家證人行為守則。守則中提出專家證人有以下責任：

1. 專家就關乎其專長的事宜需要無私以及獨立地協助法庭；

2. 專家不會變成某一方的訟辯人；

3. 閱讀守則；

4. 確定報告內容屬實（並簽署屬實申述）；

5. 申報其專家的資歷；

6. 意見是否具定論性（如非定論性，提供原因）；

7. 致力就需要專家意見的關鍵性事宜達成協議。

許多律師認為專家報告越長，法庭就越有可能會認許其可信性。這觀點毫無道理。精幹是寫作的優點，冗長的內容只會增加法庭理解報告內容的難度，並可能導致法庭以難以理解為由拒絕考慮報告。

單一共同報告

有些時候，法庭可能會指示由一位專家擔任訴訟雙方的共

同專家證人。這並不常見，卻可能會在以下情況發生：

1. 申索的金額較少而爭議簡單（例如只涉及賠償金額）；

2. 當案件不需要多方意見；

3. 當專家被徵求的意見，不涉及案件具爭議性的部分；

4. 當專家的作用是歸納訴訟雙方準備的其他專家報告。

單一共同報告的問題是訴訟雙方可能會聘請影子專家協助，諮詢如何對付法庭指派的專家。這就是說訴訟人可能最終要支付三位專家的成本，違反了 CJR 減低成本的目標了。

第三章　案件管理

引言

我們在此章繼續討論如何為案件正審作準備，但是我們會把討論焦點從申索人的角度轉移到法庭，分析 CJR 後法庭如何協助訴訟雙方管理案件。

CJR 其中一個核心改革就是法庭會主動並積極地透過案件管理會議（Case Management Conference〔CMC〕）在審訊雙方爭議的具體問題前整理出一套具結構性的訴訟計劃，盡量確保訴訟不會超過預算時間。

有人會問 CJR 後的案件管理是否真的跟以往有分別。畢竟案件管理在 CJR 前已經存在很久，但法庭的效率卻未有顯著的改善。

CJR 在案件管理上跟以往的分別是法庭會致力實踐 RHC

Order 1A 的基本目標。在新的機制下，法官有責任主動並積極（不再是被動）地管理案件。另外，訴訟雙方現在有協助法庭達致 CJR 目標的明文責任。

案件雙方跟法庭在 CJR 下均要互相合作，透過案件管理把糾紛在有效、公平及具備成本效益的情況下解決。

廣泛的考慮

由誰去管理案件

法庭有管理案件的責任，但是法庭如何分配此工作？

就此，一般案件跟特別案件有不同的管理手法。

法庭設有多個特別案件類別。其中包括有海事、建築及仲裁、商業、人身傷害、憲法及行政訴訟，以及公司案件。一般來說，處理特別案件的法官都是其法律領域內的專家。而負責這些特別案件的法官能就其負責的特別案件類別制定一套適用於該類案件的程序。

申訴人能在案情適用的情況下把案件定作特別案件類別處理。如果申訴人的案情不涉及特別案件類別，或他選擇不透過特別形式處理，那麼案件就會依照一般案件的形式處理。

在特別案件類別中的傳票數量按月會有不同。按現有的統計，憲法與仲裁類別每月大概有五宗新的訴訟。

由於特別案件數量不多，所以通常特別案件的管理會歸負責審理該類別案件的法官進行。

最繁忙的特別案件類別大概是公司案件（處理有關公司的事務或公司破產管理）。專門處理公司事項的法官現在有三至四位，他們每位都會負責管理與公司有關的特別案件。

比較下，每年大概有一千至二千宗普通類別案件。基於其數量， 法庭不可能指派法官就每一個普通案件進行管理，這樣做會挪用太多時間，並不能有效及實際地利用法庭時間。

因此，排案官（listing officer）會把案件管理的工作分配給高等法院的聆案官負責。聆案官會協助雙方把案件管理至成熟階段後，才把案件轉交法官作後期管理。負責後期管理的法官很可能是（但不一定是）審理案件的法官。

認清案件重點

要達到 Order IA 的基本目標，雙方必須盡早釐清爭議的重點。這代表從訴訟展開的時候，雙方便應該知道他們

邀請法庭審理的問題究竟是甚麼。

沒有焦點的糾紛是不能解決的。若雙方未能準確地針對問題的核心進行訴訟，雙方的論據肯定會隨訴訟的進度而朝令夕改。每個法庭作出的非正審裁決都可能變成機會主義者更改論據或申索事項的藉口。這些純粹戰略性的訴訟手法除了浪費時間和金錢外，對解決問題一點幫助都沒有。

為解決上述問題，法庭的主要任務便是透過 CMC 讓雙方清楚知道訴訟的主要糾紛。這代表法庭需要在審訊前跟雙方共同探討法庭在判詞中需要解答的具體問題。

在上面的章節中已經提過，雙方要求法庭處理的問題必須清晰與具體，不可以模糊或空泛。舉例說，如果雙方邀請法庭去評估某訴訟的賠償金額，那麼在早期的 CMC 中雙方便要向法庭澄清具爭議性的金額包含哪些具體事項。

如何起草問題需要仔細的思想和考慮。起草人不應把所有具爭議性的事項都鉅細無遺地羅列在呈交法庭的問卷中。法庭需要的是訴訟人提供一套具邏輯和結構性的問卷，待法庭可清晰明白訴訟的核心糾紛。

向法庭提出的問題數量應該跟糾紛性質的大小成比例，

律師不應無節制地在一宗簡單的官司中過分提出太多細節問題。每一項糾紛都能引發無限的細節爭議，但訴訟不代表每個細節問題都能透過法庭解決。這樣做對解決具體問題徒勞無功。

所以，訴訟雙方在 CMC 中應是盡力把訴訟簡化成數個法庭必須解答的問題。

從經驗來說，大部分的案件都能成功被簡化成為二至三個主要爭議點，而每個爭議點內可能包含二至三個副爭議點。這些爭議點便是正審中法庭需要解決的問題了。

CJR 對優化訴訟內容的要求並不令人驚訝。法官跟律師都是普通人。在一個歷時五天的審訊中，法官跟律師是沒有可能處理幾百個繁瑣的爭議點，並同時完全掌握及考慮相應的案情細節。如果訴訟方想把案情和理據清晰地呈演給法庭的話，他必須盡量避免把爭議複雜化。

當然，越複雜的案件會包括越多的爭議點。但是，如果用實際經驗作為指標的話，我們大概能粗略估計到爭議點的數量有否真正反映訴訟的重點爭議。如果有太多爭議和副爭議點的話，即代表律師在分析案情時焦點太過分散，未能指出案件的核心矛盾。

在 Order 1A Rule 3 施行後，法庭會期待訴訟雙方在協助法庭的責任之下，互相合作就訴訟的爭議重點達成共識。

不幸地，以往的訴訟文化是雙方普遍認為訴訟的成敗取決於雙方如何包裝爭議重點。因此，雙方永遠不會為尋找共同爭議重點而合作。通常雙方會在書信往來中辯論爭議重點的每個措詞，並就如何理解爭議重點展開無止境的爭拗。

通常，即使法庭不能理解雙方在文字上的分歧有任何實際意義，雙方都會堅持法庭採納自己起草的爭議重點。

結果，一個在常識上任何人都會認為是簡單的案件在 CJR 前往往會被複雜化。訴訟雙方會花費大量成本希望就爭議點達成協議，最後卻得不到任何益處。

CJR 後，法庭會協助訴訟雙方從新的角度解決問題。

CJR 後法庭的焦點會放在處理雙方實質的糾紛上。法庭不拘泥於形式上的爭拗，例如爭議重點如何措詞等的技術問題去妨礙法庭審理案件的效率。

如果爭議重點的微細措詞真的會影響判案，法庭便會協助雙方在兩個版本中選取比較合乎事實的，或者在參考雙方所草擬的問題後提供一個具協調性的新方案。總而言之，法庭會在 CJR 後全力降低起草爭議重點的成本。

在尋找爭議重點的同時，雙方和法庭同時也在為訴訟剔除非重點。

很多時某一方會提出 I 作為爭議點。但是，經仔細分析後，某一方可能會發覺他沒有證據證實 I 曾經發生。縱使如此，他依然會保留 I 作為爭議重點之一。有些時候，某方提出 I 的理由可能是為了留有後著。縱使他未有證據成立 I，他卻想保留所有可爭拗的理據，並希望運氣會眷顧他在正審前找到能證明 I 的證據。這將不會被 CJR 所容許，在欠缺證據的情況下，法庭不會接受某方堅持保留 I 作為爭議重點之一。

當法庭就爭議重點整理完畢後，法庭會確保所提出的爭議點完整地歸納訴訟的主要糾紛。也就是說，當解答完爭議重點所提出的問題後，訴訟便能得到解決。CMC 並非空泛的會議，雙方不能隨意向法庭提出問題。提出的問題必須與案情有關，以及有助實際解決問題，而法庭的職責就是確保問題的答案在邏輯上會協助解決雙方的糾紛。

在一般情況下，上述的結果應在一至兩個 CMC 內達到。

就解決訴訟定下藍圖

定列爭議重點是法庭藉案件管理去解決訴訟的開始。

一旦釐清訴訟需要處理的事項，雙方和法庭便要開始思考各個事項應如何處理。法庭能在正審與非正審（案件準備階段）兩個不同階段處理不同性質的事項。這容許法庭計劃如何從最符合效率與成本效益的角度審理案件。

舉例而說明之。

假設在 CMC 中法庭與雙方同意三個須在正審中解決的不同的爭議重點：I、II 以及 III。

I 是一個純粹的法律問題；II 是邀請法庭在雙方大致同意的案情中作出裁決；III 則需要法庭在具爭議性的事實中作出法律裁決。

法庭會在第一次 CMC 中邀請雙方思考各爭議重點應該如何解決。在第二次的 CMC 中，法官會系統性地就每個重點跟雙方探討審理的方法。

由於 I 是純粹的法律問題，法庭可能提議就問題透過非正審的聆訊處理。這能協助雙方盡快知道適用的法律是甚麼。尤其是如果 II 跟 III 的結果取決於 I 的話，那麼上述的處理方法便能有效地協助雙方在正審中使用合適的法律原則了。

另外，法庭可能提議把 I 留待正審時一併處理。但是，由於 I 並不涉及事實爭議，法庭可命令在文件透露過程

中雙方毋須就 I 交換證據。法庭更能用同樣理由指示證人在誓章中毋需就 I 作供，以簡化採納證據的時間。

就重點 II，由於雙方大致同意案情，法庭可建議雙方毋須互相透露文件或邀請證人就無爭議的事實作誓章陳詞。法庭可能會邀請雙方提供一份互相同意的案情清單，並就清單內的事實向法庭作陳詞，讓法庭知道應如何就案情清單中的事實作出合適的裁決。法庭可選擇是否在正審或非正審階段處理有關事項。

如果就 II 雙方在案情上有爭議，法庭亦可就爭議作適當的文件透露和證人作供安排。

取決於案件的複雜性，法庭可能提供更多的選擇。法官可能就 II 的輕微事實爭議在非正審階段透過證供和證人誓章直接進行裁決。

就重點 III，法庭可指示文件透露和證人證供被限制於受爭議的案情上。

法官可詢問雙方將如何證實他們的事實指控。法庭有權知道雙方有哪些就成立指控必須要的證人或證據。他可決定雙方提供的證人是否必須，亦可提議單從文件證據就某事實爭議作裁決。

換言之，在處理爭議點上，法庭有很大的自由度為訴訟度身訂做合適的流程表。這確保訴訟能按最具成本效益的藍圖處理，節省成本並提高效益。

按這個模式，法庭能大大節省文件透露（在不需要有關證據情況下）或準備證人誓章（在證人證供不會有意義地改變訴訟的情況下）的成本和時間。

為遵守 Order 1A Rule 3，訴訟雙方應在 CMC 前便嘗試就訴訟藍圖取得共識。他們應嘗試合作就文件透露、事實和專家證供，以及必要的非正審申請達成流程上的協定，以加強 CMC 的效率。

控辯雙方不應依靠法庭施壓方才合作。相反，非正審指引應該是法庭在雙方同意帶領下進行的，法庭不需要介入雙方在簡單流程問題上的糾紛。

設定實際的時間表

當確定正審與非正審的事項後，法庭會就具體時間表作安排。

時間表包括進度指標（milestone dates）與非進度指標日期。CMCs、PTRs（Pre-Trial Reviews〔審訊前覆核〕）和正審均是指標性日期。此外，法官可把其他日期定作指標性日期。譬如，如果法庭把某個爭議重點通過非正

審聆訊處理，該聆訊便會被當成是進度指標日期。

進度指標日期是不可改變的。只有在極少數的例外情況下，法庭才會容許指標性日期被押後。押後的申請人必須向法庭提供具強烈說服性的理由。

非指標日期可以在不影響指標日期的前提下被押後。雙方應互相安排押後非指標日期而不應勞煩法庭。非必要的聆訊可能導致申請人支付訟費。

如任何一方有重要理由需要押後指標性日期，則必須就延期向法庭提出申請。

制定時間表的目的是防止正審遭到延誤。

雙方和法庭整理訴訟爭議重點時，會剔除大量非必要的非正審申請。整理後，餘下的非正審事項對訴訟整體裁決應帶有重要的影響。法庭會盡可能把這些事項作結構性整理，並安排在同一個聆訊中解決。

在制定時間表的時候，法庭很可能容許雙方安排在某段具體日期進行正審。當法庭給予許可後，訴訟雙方應按照法庭指示，馬上向排案官申請把案件列入法庭日誌中。這容許雙方馬上知道正審的日期，以便律師們作出相關的安排。

經驗指出，在 CJR 前，案件延誤的其中一個原因是法庭或訴訟雙方無法提供準確的正審日期。在 CJR 前，希望拖延案件的一方常常以此作藉口。最常用的藉口是，由於文件透露及準備證人口供需時，在現階段無法估計正審的日期和需要的時間。這理由不再適用於 CJR 後的民事訴訟。

由於爭議重點在訴訟早期已經透過 CMC 釐清，法庭和訴訟雙方對正審需要的時間能作出相對準確的預計。無論如何，一般的案件都能在平均三至五天的正審內解決。所以，在普遍情況中，四天正審通常足夠解決大部分的訴訟。

因此，在進行第一個 CMC 後，法庭便會有足夠理由就正審設下具體時間表。這向各方提供良性壓力，讓雙方能專注地就時間表解決訴訟。

過分積極的案件管理

當管理案件時，法官會強烈注意兩項風險。

第一項風險是法庭可能耗費太多的時間在 CMC 上。法官需要管理好時間，避免進行多次的 CMC。過分透過 CMC 處理非正審事宜（包括頒布法庭指示以及制定時間表）會弄巧反拙，不能有效減低訴訟成本。

在所有時候，辯論時間跟訴訟的金額（或濟助的大小）應成比例。這代表法官需要扮演一個主動並積極的角色，去控制雙方爭議的時間。法官應要求律師在非正審聆訊中作簡短和直接的陳詞。

第二項危機是法官在管理案件時可能會被理解成參與訴訟，偏幫訴訟其中一方。法官必須維護公平原則，並給予雙方提出的論據作均等的考慮。這是去實踐 Order 1A Rule 2 的基本目標，去「確保爭議是按照各方的實質權利而公正地解決」。

另一方面，由法官去扮演一個積極主動的角色並不代表法庭是參與訴訟。法庭有權測試訴訟雙方的論點是否有足夠基礎。法官能以進取的方法去測試論點，這並不是過分管理案件。法官有權要求雙方協助法庭去理解糾紛的重點，並提供足夠細節讓法庭知道雙方會如何證實他們所提出的理據。如果法庭得不到這方面的說明，那麼法庭便會用嚴格的方法令律師能更有效地處理他們的工作。

數項具體資料

以下列舉幾個法庭管理案件的權力。但例子並不代表法庭就管理案件的全部權力。

Order IA Rule 4（2）形容了積極案件管理的意義，這些包括：

1. 鼓勵各方在進行法律程式中互相合作；

2. 及早識別爭論點；

3. 從速決定哪些爭論點需要全面調查和審訊，並據此而循簡易程式處置其他爭論點；

4. 決定爭論點的解決次序；

5. 在法院認為採用另類排解程式屬適當的情況下，鼓勵各方採用該等程式，並利便採用該等程式；

6. 幫助各方全面或局部和解案件；

7. 編定時間表，或以其他方式控制案件的進度；

8. 衡量採取某特定步驟所得到的利益，是否令採取該步驟的成本物有所值；

9. 在切實可行範圍內，盡量同場處理同一案件的最多環節；

10. 處理案件而毋須各方出庭；

11. 利用科技；及

12. 作出指示，以確保案件的審訊得以快速及有
    效率地進行。

Order 1B Rule 1（2）列出了法官能行使的管理案件權
力。按例法官可以：

1. 延展或縮短遵從任何規則、法院命令或實務指
   示的時限（即使延展時限的申請是在遵從時
   限屆滿後才提出亦然）；

2. 押後或提前任何聆訊；

3. 規定某一方或某一方的法律代表出庭；

4. 指示將法律程式的某部分（例如反申索）作為
   分開的法律程式處理；

5. 將法律程式或判決的全部或部分作一般性擱
   置，或擱置至某指定日期或事件；

6. 將法律程式合併；

7. 在就初步爭論點有決定後，撤銷申索或就申索
   作出判決；

8. 決定爭論點的審訊次序；

9. 將某項爭論點摒除於考慮範圍以外。

RHC 給予法庭主動就案件管理發出命令的權力，法庭不需要依靠訴訟雙方的申請而行動。在法庭作出命令後，雙方有權申請擱置、更改或解除任何法庭單方面作出的命令。

Order 2 鼓勵法庭在給予指示時，就不服從命令作出安排。例如，當法官指示雙方在四十二天內交換證人供詞，法庭能同時命令如果在四十二天內任何一方不服從命令，違法命令的一方將不能召喚該證人在庭上作供。

法庭可在考慮有關因素後作出裁決，這些因素包括：

1. 是否符合秉行公正的原則；

2. 要求寬免的申請是否已迅速提出；

3. 沒有遵從一事是否蓄意；

4. 對於沒有遵從一事是否有良好的解釋；

5. 失責方對其他規則及法院命令的遵從程度；

6. 沒有遵從一事是否由失責方或其法律代表所導致；

7. （如失責方沒有法律代表）當時他是否不知悉該
   規則或法院命令，或（如他知悉）他能否在沒
   有法律協助的情況下遵從該規則或法院命令；

8. （如批予寬免）審訊能否如期在審訊日期或相
   當可能的審訊日期進行；

9. 沒有遵從一事對每一方造成的影響；及

10. 批予寬免會對每一方造成的影響。

慣用拖延技巧：審訊前以更換法律隊伍來換取時間

在 CJR 前，想拖延時間的一方通常會在正審前突然轉換
法律團隊作為拖延戰術。

新的團隊會透過緊急申請向法庭作出延時申請。通常新
的團隊會指出舊的律師們採用了錯誤的分析，導致遺漏
了某些足以反敗為勝的理據。不幸地，為容許新的團隊
去發掘新的可行性，法庭需要提供足夠的時間讓雙方就
新論點進行文件透露和證供交換。申請延時的隊伍會主
動支付因延誤而導致的訟費。

申請延時的律師通常會在陳詞內說明對方不會因延誤而

遭到損失，無論延誤多久，法庭都能以訟費和利息（如果對方最終勝訴）去補償另一方。

CJR 如何處理這些延誤申請？

這取決於案情而定，並沒有單一的答案。

所有法官都應該以懷疑的態度審理因更換律師而作出的延誤申請。

如果雙方有按照 CJR 新設的步驟處理案件的話，上述的問題不可能像以往般經常出現。

CMC 的目的就是讓雙方在早期就如何處理訴訟作思考。CMC 容許法庭跟律師在對話中尋求可行的論點以及爭議的解決手法。

再者，在 CMC 前，雙方的律師會填寫法庭問卷。問卷中包括一項聲明，聲明內要求律師證實他們曾小心分析案情並真誠地相信自己已經考慮各主要的爭議點。另外，他們雖告訴法庭在他們所知、所得資料及所信的範圍內，雙方有否完成文件透露和證供（包括事實及專家證人）交換。

在這情況下，除非有證據證明舊的法律團隊在處理案件時犯下嚴重疏忽，否則新的律師如何在舊團隊作出的合

法聲明，證實曾經分析和考慮所有重要法律理據，並已經完成文件透露和證供交換的情況下提出新的，並足以影響訴訟成敗的論點？

當然，在例外的情況下，法庭會在公平原則下押後正審日期。但是，在 CMC 的管理下，一般的理由是不足以令法庭批准押後的。

就算法庭批准延時申請，法庭亦會在訟費懲罰申請方。這包括要求對方即時按彌償基準（indemnity）支付對方在延時申請批准前所花耗的訟費。

同時，如果申請延時的是抗辯人的話，法庭可要求抗辯人把申索人要求的金額存入法庭作為保證金。

再者，法庭可能需要調查舊的法律團隊是否應就延誤負責，如果證實舊的法律團隊確實有嚴重疏忽，法庭可能發出虛耗訟費命令（wasted costs order），要求舊律師本人承擔訟費。

第四章 正審

引言

我們來到案件的正審階段。

有人會問為何糾紛需要透過審訊來解決。這問題的出發點是審訊極其量只是一個粗略的解決爭議渠道。

民事訴訟不是尋找真相的合適平台。法官不能透析訴訟雙方內心所知道的事實。法律賦予法官裁決案件的工具就只有「概然性權衡」（Balance of Probability），讓他把雙方提交的證供放在公平的秤上，看誰相對地比較可信。

但概然率跟可能性是不能被客觀量度的，我們的法律沒有提供科學性的標準協助法庭精準無誤地判案。任何人（包括法官）在被邀請評估某件事有否發生的時候，都會按自己的人生經驗加入不同程度主觀性的考慮。問題

是，事件一可能不太容易在我們的日常生活中發生，卻不代表事件一沒有在案情中發生。

有些人提出，法官能在證人在庭上作供時，觀察其肢體語言，以評定該證人是否可信。這如何可能？現實生活告訴我們肢體語言往往是最不可信的。一個語無倫次或詞不達意的證人可以是誠實的，而一個滔滔不絕或能言善辯的證人卻可能是富有經驗的騙子。

所以，假若糾紛要透過法庭審訊作結，訴訟人必須接受法庭就案情作出的裁決有可能與事實不符，亦要面對裁決可能引發的嚴重後果。如果法庭在審訊後不同意訴訟人的說法，裁定事件一曾經發生，那麼無論事件一是否真的在現實中發生過，在法律上訴訟雙方都要接受事件一所引發的法律後果，遵守裁決所定下的法律責任。

按經常被引述的統計，每十個案件中有一個會通過正審解決。大部分其他的訴訟都會在正審前作庭外和解。但在上述的訴訟風險下，理性上應該有更多的案件通過和解解決。

我相信 CJR 會增加案件和解的比率。這跟我在第六章會提到的和解選擇有關。CJR 提供訴訟人多種不同的和解辦法，爭議雙方可按 CJR 提供的不同選擇就個別需要度

身定做最合適的和解方案。

正審指引

來到正審階段的案件都因某些雙方無法妥協的原因而拒絕接受和解。法庭的目標是以最具成本效益、實際和公平的方法來解決這些頑固的糾紛。

法庭如何達到目的？

其中一個關鍵是法庭會利用 CMC 就正審事宜給予指引。

法庭會按個別案件的進程在適當的時候給予正審指引。訴訟雙方越早能釐清爭議重點和提出具體支援其論點的藍圖，法庭便越早能提供相應的正審指示。

法庭最遲在正審前二十八天需要頒布正審指引。這是因為最後的 CMC（亦稱為 PTR）通常會在正審前四星期進行。PTR 的目的是確保雙方就正審的各事項均準備就緒，並就正審事項給予雙方必要的指引。

Order 35 Rule 3A 羅列出法庭可以就正審給予的指引，這些並非法庭權力的全部。他們包括：

　　1. 限制主問、盤問或覆問證人所用的時間；

2. 限制一方可就某特定爭論點傳召的證人（包括專家證人）的數目；

3. 限制作出任何口述陳詞所用的時間；

4. 限制一方陳述其案情所用的時間；

5. 限制審訊所用的時間；

6. 更改根據本條規則作出的指示。

Rule 3A 明確提到，在法庭給予正審指示的同時，亦需要顧及以下事項：

1. 審訊的時限必須合理；

2. 不得偏離每一方均有權獲得公平審訊的原則；

3. 不得偏離每一方均必須獲得合理機會引導證據和盤問證人的原則；

4. 有關案件的複雜性或簡單程度；

5. 各方所傳召證人的數目；

6. 將予引導的證據的數量及性質；

7. 法庭各類審訊表的狀況；

8. 預計審訊所用的時間；及

9. 有關爭論點及案件整體而言的重要性。

審訊檔案

在 CJR 前，律師就檔案管理不會花費太多的心思。大量有關或無關審訊的檔案會被複印和陳列在多本具有厚度的資料夾中，在正審前送往法庭讓法官盡可能去消化有關內容。

很多檔案與審訊的重點無關，它們不會在正審時被律師引述。這樣，珍貴的紙張資源和昂貴的訴訟成本就被白白浪費了。

現在，法庭要求律師合理地管理審訊資料夾。

基本的要求是，雙方能把所有法庭檔案（例如狀書及法庭命令等）陳列在一個（或一系列）文件夾中；另一個（或系列）文件夾可陳列所有事實或專家證人的供詞；另一個（或系列）的文件夾則可專門陳列有關審訊的文件證據或有關證據的簡議。

法庭文件檔不必包括所有文件。律師只需把能協助法官

理解案情，以及律師會在審訊中引述的檔案，按時間排列就可以了。

陳列證人供詞的檔案只需包含與案情有關，並會被律師引述的供詞。檔案不應包含與案情無關的證供。

證據檔案不應陳列所有雙方曾互相透露的文件，陳列的文件只需與案情有關，和會被律師引述去解決爭議重點便足夠了。

如果在完成上述管理後檔案依然過厚，律師便應考慮只陳列有關文件的摘錄。

文件應按時間排列，如何運用時間則要律師使用常識了。

舉例說，如果大律師會在審訊時引述一百張發票，那一百張發票便不應按其發出的時間散布在多個文件夾中。律師應在檔案中設立一個專門陳列發票的部分，讓法庭能方便地在審訊時找到需要的發票。

就算如此，律師們應進一步考慮有沒有需要把一百張發票全部陳列在檔案中。他們是否可以按次序編制一份單據表，並陳列一至兩份樣本發票以減少文件的數量？當然這取決於律師是否會在審訊中引述一百張發票，但如果不會的話，律師便應問自己有否必要陳列所有的單據。

當然，與案件無關的文件應被剔除。

與案情相關的文件只應出現一次。法庭毋須兩份相同的
文件。舉例說，證供一可能附上一份文件證據。這份文
件證據可能會出現在陳列證據的檔案中。在這情況下，
文件證據不應被附列在證供一中，而應隨其他證據一併
陳列在證據檔案裡。律師可以在證供適當位置提醒法庭
該份文件證據的位置，以便法官能在證據檔中找到相應
的檔。

為節省資源，雙方可考慮使用雙面複印。

律師應致力節省用紙，這並非純粹為了環保。法庭不應
浪費時間閱讀不會被用或對案件結果無關緊要的文件。

正審

正審可分為三個階段：開案陳詞、證人盤問，以及結案
陳詞。下面我會就正審不同的階段進行討論。有些篇幅
會提到如何在各階段減少時間和成本。

開案陳詞

傳統上，申訴人的律師會在開案陳詞中描述案情和適用的法例；他會強調法庭被邀請解答的法律問題或事實糾紛；並在最後歸納雙方對爭議所持有的理據。

接著，抗辯人的律師便會回應申訴人提出的觀點。

現在，法庭會要求雙方大律師在案件開始之前書面提交開案陳詞，用作協助法官在正審前作準備。

由於書面陳詞的普及化，以及法官在案件管理時的積極參與，在正審前，法庭應該對爭議重點已有深入的瞭解。因此，CJR後的正審大部分已不需要口頭的開案陳詞了。

免卻口頭陳詞節省法庭不少時間，申訴人可在開始正審時直接傳召證人。

證人盤問

盤問的程序很簡單。證人首先作主要證供，然後對方大律師會就主要證供進行盤問。之後，傳召證人的大律師可以就盤問內容向證人作澄清。

申索人的證人會首先輪流作供、接受盤問和澄清。當申

索人的證人們作供完畢後，便到抗辯人按同樣的程序傳召他的證人。

現在的程序是首先讓事實證人作供，待雙方的事實證人作供完畢後才傳召專家證人。這樣做的好處是讓專家證人考慮事實證人的供詞，並容許律師詢問事實證人的供詞是否有改變專家就某事項的評估。

對於專家證人的作供途徑，在國外有謂之「浸溫泉」（"hot-tubbing"）的方法，讓雙方的專家證人同時作供。原則上，這是一個法官、律師，以及專家證人的三方面會議。「浸溫泉」在新南威爾斯比較普及，在香港則不常見。

當證人作主要證供時，律師不應作誘導性的提問（leading questions）。問題應具開放性，並不能帶有潛答案。舉例說，「12 月 24 日凌晨你在哪裡？」是可以接受的開放性問題，但「12 月 24 日凌晨你在離意外現場很遠的地方，不是嗎？」則帶有誘導性而不能在主要作供時提出。

盤問證人時，對方律師可提出誘導性問題。

重新提問時，傳召該證人的大律師只能提出開放性問題。

現在，證人的書面證供經常被採納成為主要證供。這代表當大律師傳召證人時，證人毋須口述書面證供內的事

項。因此，大律師在主問時只需提出補充性問題。補充性問題能協助強調或澄清證人在書面證供中提到的事項。此外，證人亦可在大律師提問下，就作出書面證供後發生的事實作補充。

補充應該簡短，而不是一個給證人重新作供的機會。重新作供除了會對訴訟的另一方不公平外，也跟 CJR 要求雙方「透露底牌」（"cards on the table"）的理念大相逕庭。CJR 要求雙方盡早交換和知悉對方就案件提出的論據，其目的就是避免雙方臨場變陣，令對方措手不及。

如果補充過於繁複，法庭便會停止大律師繼續發問。

採納證人的書面證供作為主要證供節省了法庭不少時間。

CJR 前的案例指出，如果案情涉及不誠實指控，那證人便必須以口頭作供。如果這些案件在 CJR 後仍然適用，那法庭便會要求證人口頭回答大律師有關不誠實指控的問題。

但是，這些案例的立論原因有可能不適用在 CJR 後的訴訟中。

無論證供中是否含有不誠實指控，如果證人的口供不準

確，有盤問技巧的大律師很快就會發現當中問題。

如果對方大律師認為恰當，他便會在盤問中要求證人回應有關的不誠實指控的問題。假設（以下假設適用於大部分案件）證人的書面證供是其律師措辭的，那麼證人的口供便很可能與其書面證供有不同程度的出入。盤問的大律師在分析這些出入後，便能在結案陳詞中向法庭解釋矛盾為案件帶來的影響。

由於負責盤問的大律師無論在甚麼情況下，都能就不誠實指控盤問有關證人，法庭為何要浪費時間讓證人在作主要證供時，重複一遍書面證供的內容？更有效的方法是讓盤問的大律師施展他的長處，直接就不誠實指控盤問證人。

經驗指出，其中一個令訴訟逾時不決的因素是證人在盤問過程中作出冗長、重複、鬆散，以及具辯論性的回答。

這在 CJR 後將不會被容許，不然的話，嚴重的拖延會令訴訟繼續成為昂貴的戰略遊戲。

律師在盤問中必須節制。他們應將盤問圍繞與案情有關的事實，而當被法庭質詢的時候，律師應有準備向法庭解釋問題與案情的相關性。

律師不應與證人辯論。在證人回應問題後，律師應該繼續就其他事宜盤問，而非重複同一條問題以獲取更有利的答案。就證人回答的對錯應留待結案陳詞時，由律師向法官陳述有關觀點。

CJR後，若果法庭看不到律師提出的問題與案情相關，法庭會要求律師解釋問題的相關性，如果解釋不獲法庭接納，法庭便會要求律師停止就該事項繼續提問，以便節省法庭的時間。

正審應按時完成。法庭必須嚴謹控制證人作供時間，以確保審訊能在合理的時間和成本下完成。

結案陳詞

當所有證人作供完畢後，法庭便會聽取雙方律師的結案陳詞。抗辯方會首先發言，而申索方會作最後陳詞。

法庭普遍在聽取結案陳詞前會稍作休庭，讓雙方的律師能好好地準備書面結案陳詞。這容許法庭省去很多聽取結案陳詞的時間。當法庭重開時，由於雙方已經透過書面向法庭陳述了雙方對案件的基本總結，口頭陳詞便能更專注地被用作回應法庭主要關心的事項，重申我方論據的重點，以及回應對方未有在書面陳詞提及的論據。

這樣，結案陳詞便可在數小時內解決。

甚麼是好的結案陳詞？

其中一個答案是考慮一份判詞應該包含甚麼元素。

好的大律師會致力協助把法官書寫判詞的職責簡單化。所以，在準備結案陳詞的時候，大律師不妨嘗試把陳詞當成是判詞的草稿。

儘管沒有固定規則，法庭的判詞通常包括四個元素。[1]

首先，法官必須指出案中雙方爭議的各個重點糾紛。

第二，法官須提供足夠的背景資料，讓讀者能夠明白判詞就各重點作出相關判決的原因。

第三，法官需要有規律地討論每個重點。判詞應該列出雙方就該重點所提出的理據，然後解釋法庭為何採納其中一方的觀點為之正確。

---

1 就這個觀點，我感謝 Professor James Raymond 對書寫判詞的前瞻性研究。

最後，取決於法庭就各重點的判決，法官需要提供總結（通常是給予或拒絕某些濟助）。

一個好的結案陳詞應包含以上的基本判詞元素。

大律師應在陳詞開首列出在 CMC 中整理出來的爭議重點。

然後，他應總結雙方基本同意的案情，並提供足夠的背景資料，協助法官理解接下來的案件分析。

介紹案情背景後，大律師便應系統地分析每個爭議重點。他應引述對方的理據，並提出反駁理由。

最後，他須承接案情分析，提出要求法庭給予的濟助。

陳詞，跟其他 CJR 的改革一樣，應以透徹的分析作為基礎。

上訴

在正審後，敗訴能向上訴庭提出上訴。

但上訴人很難在上訴時推翻原訟庭對事實的裁決（上訴通常是就法律上的爭議而提出的）。通常上訴庭會採納

原訟庭就事實所作之判決。

如要就事實提出上訴，上訴人需要證明原訟庭錯誤理解
證據，並在已經呈堂的證據基礎上作出了不合理的推論
和總結。

第五章　特定案件類別及其他程序

引言

此章重點探討：

1. 特定案件類別訴訟；

2. 法庭如何處理訴訟人無理纏擾；

3. CJR 如何改變非正審申請上訴程序。

特定案件類別訴訟

設定特定案件類別的目的

透過「特定類別案件列表」（specialist lists），訴訟人可把糾紛交予專門處理有關案件的專家法官處理。處理特定案件的法官均是相關法律範疇中的專家。他們在大律

師執業時或在成為法官後，都曾處理大量有關的特定案件，從而累積了豐富的經驗和專門的法律知識。

訴訟人能選擇是否把案件列作特定案件處理。案件一旦被列作特定案件，所有有關的正審與非正審申請都將交由負責的法官所管理。這跟一般案件的管理程序有所分別。一般案件的初步處理是由聆案官負責，聆案官會協助把案件處理至成熟階段，然後才會移送給法官進行正審。至於特定案件，法庭則會將所有管理程序從頭到尾交由法官規管，一直到正審完畢。法庭成功釐清了控辯雙方的法律責任，法官才會考慮把實際賠償和訟費評定等程序交由聆案官去辦理。

目前可被列為特定案件的有以下七項類別：

1. 人身傷害

典型案例：交通意外和工傷

2. 商業案件

典型案例：貨品買賣和商業組織之間的合約糾紛、有關信用狀及其他可流傳票據（negotiable instrument）的糾紛、在運輸過程中貨物的損毀和錯誤遞交等（包括海陸空運輸）。

3. 海事案件

典型案例：針對船隻的訴訟，包括貨品在海上運輸過程中的損毀和錯誤遞交、在扣押船隻後處理責任優先權，以及船隻碰撞等。

4. 建築及仲裁案件

典型案例：在建築合約中有關建築承包商與分包商的訴訟，包括延遲、工程失誤及違約金的糾紛、因仲裁協定而擱置訴訟的申請、仲裁裁定上訴、挑戰仲裁協定的權限、廢除已登記為法庭判決的仲裁裁定等。

5. 公司案件

典型案例：對清盤公司的訴訟、股東之間的糾紛、不公平損害股東利益（unfair prejudice）、減少股本申請等。

6. 破產案件

典型案例：個人破產申請

7. 憲法及行政訴訟

典型案例：司法覆核

以上列舉了各特定審訊表中比較典型的案例。就其他性質的案件，律師可根據相關案情在適當的情況下歸納到各個特定審訊表中。

有建議提出法庭應增設知識產權審訊表，可是，就香港目前的知識產權訴訟量看來，並沒有迫切的需要。

從一般程序來說，有關於公司事務的申請應以呈請書（Petition）的形式向法庭提出。海事案件則一般透過動議書（Motion）提交法庭。這是歷史的慣例，呈請書「祈求」法庭去緩解呈請人的難題。動議書則是向法庭就其問題向法庭提出解決的「動議」。這些詞彙的出處，是源於歷史上在衡平法院（Chancery）和海事法院使用不同的拉丁文文件中衍生而來的。

法庭希望訴訟雙方能迅速地處理特定案件。這些案件不應被技術理據所耽誤。根據 CJR 重實質、輕形式的理念，審理特定案件的法官會毫不猶豫地處理案件的核心問題，不會拘泥於法律形式。

某些特定審訊表會有多過一名專責法官負責審理案件。但每一個特定審訊表都會有至少一名專門管理審訊表的法官，該法官可隨時發出實務指引，提出針對使用該特定審訊表訴訟人需要遵守的程序。這些程序跟一般案件

的管理程序可能會有差異。

管理一般的案件

先用一個常見的公司案件來說明一般案件跟特定案件在管理上的分別：一個按公司條例（Cap. 32）s.177（1）（f）提出，以「公正公平」為由向法庭呈請的公司清盤（winding up on the just and equitable ground）。

S.177（1）（f）的呈請基礎通常是這樣的：兩名股東在互信的基礎下成立公司，並彼此參與公司日常的管理和運作。他們通常各擁有公司 50% 的股份，基於彼此的互信，他們在法律上被定為「準合夥人」（"quasi-partners"）。

隨著公司的業績上落，兩名股東對公司的營運開始產生意見分歧。分歧導致兩人互相指責對方違反當初成立公司背後的互信。其中一人更可能否認曾在合夥人關係中存有任何信任，甚至進一步指控對方詐騙。

在失去信任的基礎上，其中一位股東合夥人向法庭提出 S.177（1）（f）的清盤申請。

在呈請書中，股東須陳述公司的歷史、股東之間互信的基礎，以及導致意見不合的經過。如果指控涉及詐騙，有關的細節亦應一一在呈請書中列明。

呈請書要有經宣誓過的誓章核實，誓章中應列出支持清盤申請的文件證據。

其他股東有權作出誓章反對清盤申請，呈請人亦應透過誓章回應，在誓章中反對人應陳列所有反對清盤的文件證供。

誓章的交換以呈請人回應作結，故此，呈請人應在回應誓章中列明所有未陳列但有利其申請的文件證供。

清盤案件中沒有自動文件透露程序。要求證據的一方可向法庭提出申請，要求對方透露指定的文件證據。申請證據的一方需要向法庭解釋文件對案件的必要性，或證據如何能為法庭判案省下時間和金錢。

法庭通常會要求誓章宣誓人出庭作供，未能出庭的證人的口供將不被採納。

應注意一點：由於公司合夥人雙方的誓章是清盤案件中的主要證據，所以雙方誓章中均不應帶有傳聞證據（hearsay evidence）。

對於出庭作供的主要證人，法庭會有限度地容許證人對誓章作出額外補充。如無補充，證人會馬上被反方律師盤問。

證人作供完畢之後，法庭會參考誓章、證人作供，以及律師的陳詞，來決定清盤理由中的指控是否可信。

要留意的是，雖然呈請涉及嚴重的詐騙指控，不設有自動文件透露的呈請程序依然並廣泛接納為處理 s.177(1)(f) 申請的有效方法。從舉證的角度看，整個審訊中雙方依賴的就只有誓章及誓章中所提及的文件，以及通過向法庭申請所獲得的證據。

呈請書申請的起源來自古羅馬教廷程序，搜證過程比較近似於採用民法（Civil Law）的國家，不設雙方自動交換文件。

奉行普通法的香港律師習慣透過自動文件透露進行搜證，不習慣在普通案件中放棄這個繁複並昂貴的環節。但是在很多情況下（例如 s.177(1)(f)），審訊本身並不需要法庭詳閱太多的文件，故自動文件透露並非必要。為確保公平程序，在合理懷疑下，案件的一方可向法庭申請，命令對方提供指定的證據，以確保另一方沒有刻意保留重要證據。

無理纏擾

可悲的現實是，若在敗訴後蒙受損失，人往往會對訴訟產生強迫心理。

由於不能接受敗訴的現實，這些人（通常透過自我代表）把生命的全部傾注於透過引發訴訟去纏擾勝訴人，希望可以藉更多訴訟去改變窘境。到了一定時候，這些重複的訴訟便會由正常申訴變為濫用程序。濫用司法程序的申索人對法庭作出了無理纏擾。

法庭如何處理無理纏擾的訴訟申請？

首先，法庭可以作出「限制提出申請令」（Restricted Application Orders〔RAOs〕）。此命令通常叫作 *Grepe v. Loam* 命令。命令禁止有關的訴訟人在取得法官許可之前，就正在進行的法律程序外向法庭提出任何進一步的申請。CJR 後，法庭可主動作出限制提出申請令。

第二，在必要情況下，法庭亦可主動作出「限制程序令」（亦稱為「延伸的 *Grepe v. Loam* 令」）。命令禁止有關訴訟人在取得法庭許可前，透過再次提起已審結的法律程序而展開新的法律程序，並藉此濫用法庭程序。

第三，經 CJR 修訂後的高等法院條例（Cap. 4）列明，法庭能在律政司或受影響人申請下作出上述的限制令。受影響人包括被無理纏擾的受害人。

就非正審申請的上訴許可

在 CJR 前，就聆案官作出的非正審裁決，抗辯人有必然上訴權。CJR 並沒有改變此權利。

但是，跟以往不同的是，除非有特別理由，否則雙方並不能在非正審上訴中向法庭提出新證據。法律上的特別理由需要參考 *Ladd v. Marshall* 一案。按案例，新證據必須：

1. 可信；

2. 儘管在搜證上已盡最大努力，但證據在上訴前不能被獲得；

3. 新證據會對上訴結果產生重大影響。

CJR 前，除訟費決定外，訴訟人對非正審裁決擁有向上訴庭提出上訴的自動權利。CJR 的修改取代了針對上訴庭的自動上訴權。現在，訴訟人須向審案法官提出上訴申請。若上訴申請被拒，訴訟人則可嘗試向上訴庭提出上訴申請。

在處理申請時，上訴庭可對申請作純粹書面裁決。若申請被拒，申請人可提出口頭聆訊申請。除非上訴庭認為申請毫無實據，否則上訴庭將安排口頭聆訊。

上訴申請可以由一位上訴庭法官處理。若申請被拒，申

請人可要求兩位上訴庭法官重新考慮申請。

如何辨別何種非正審上訴需要申請批准？

首先，就 Order 59 Rule 21 內的申請，上訴人享有免申請的當然上訴權。

一般而言，如果非正審申請結果引致案件在無聆訊的情況下結束，與案人通常都擁有免申請上訴權。但謹記這只是就一般情況而言，並不適用於所有情況。同樣地，就算非正審申請結果不至於結束案件，在某些情況下與案人也享有免申請上訴權。

遇上不肯定情況，與案人應該向法庭申請，讓法庭澄清上訴是否需要批准。理論上，法庭就上訴事項是否需要批准決定本身也能被上訴。此類上訴應該需要法庭批准。

注意，上訴批准程序是不對稱的。

Order 59 Rule 21（1）（a）列明，當「判決或命令 …… 以簡易程序的方式裁定訴訟一方的實質權力的判決或命令」時，針對該判決或命令的上訴屬當然權利。那就是說，在非正審的結果上訴中，只有敗訴方能提出申請。

舉另一個例子，假設非正式申請是關於法庭是否給予無條件抗辯許可，如果法庭給予被告無條件抗辯許可，由

於法庭只是把案件推進至審訊階段，並未就雙方實質權利有任何判決，所以，申訴人如欲上訴無條件抗辯的判決，便需要得到法庭上訴批准方能進行了。

CJR 就非正審上訴增設批准審核，是想減低非正審上訴的數量。法庭的思維是不想雙方在非正審申請上浪費太多時間，從而鼓勵案件盡快進入審訊解決。

不幸地，如果律師們沿襲 CJR 前的訴訟概念，批准上訴申請亦可令申訴人付出大量的金錢及時間。有見及此，法庭會對上訴批准申請採取快速及有效率的回應。否則，增設上訴批准的目的便毫無意義了。

在理想情況下，非正審申請與其上訴批准申請應在同一口頭聆訊中進行。舉例說，法官可能在非聆訊尾聲時，詢問雙方是否上訴和其上訴的理由。在大多數情況下，雙方都應能從聆訊理據中及時地找到可上訴的理據。

當然，在適當情況下敗訴方可能需要研究判詞以尋找上訴的理據。在這清況下，法庭可考慮邀請雙方就上訴批准作出書面陳詞（不超過兩頁）。陳詞須在判決頒布後七天內呈堂。判詞本身以及已經呈堂證據已足夠支持法官考慮是否批准上訴，雙方毋須就批准申請呈上更多文件證據。法庭會盡快透過書面回應是否批准上訴申請，以節省時間和成本。

第六章　訟費

引言

在英國，沃爾夫司法改革（Woolf Reforms）雖然成功簡化了當地的民事司法程序，卻沒有減低當地高昂的訟費問題。作為沃爾夫司法改革中重要的一環，如何減低訟費在英國有待當局的進一部思考。

香港的民事司法改革也有減低訟費的目標。跟沃爾夫司法改革一樣，CJR 成功與否很大程度取決於改革能否有效地減低訴訟高昂的成本。

此章會介紹 CJR 如何從最少三方面減低訴訟成本。

策略一：鼓勵盡早解決糾紛

糾紛越早解決，有關的法律成本就越低。因此，法庭將透過調整訟費分配去鼓勵雙方盡早作出（或接受）實際

可行的和解建議。

例如，假設甲方不合理地拒絕乙方所提出的合理和解建議，致使糾紛需要通過法庭審訊處理。在甲方不合理拒絕和解的情況下（例如最終的賠償額低於和解建議），甲便可能要為其無理行為負上經濟責任。具體地，由於甲應該一早接受乙所提出的和解建議，所以甲可能要為案件的拖延負責，承擔在其無理拒絕和解建議後案件雙方的所有訟費。在某些情況下，就算甲最終勝訴，也可能需要支付乙為訴訟付出的部分費用。

策略二：鼓勵就非正審程序指引達成共識

如上文提到，法庭希望雙方盡可能就正審前的各流程事項達成共識。為節省時間和成本，案件雙方不應該就微細及無關重要的流程事項向法庭提出申請。

為確保雙方能認真地處理正審前的流程事項，法庭會在訟費上著手，在適當的時候考慮雙方在處理有關事宜的態度手法，從而決定應該由誰負擔非必要或不成功的非正審申請費用。

策略三：減少訟費評定（taxation）的成本

在法庭頒布訟費命令後，實際的訟費計算通常會交由訟費評定官透過訟費評定程序，來決定訴訟雙方需要承擔

的費用。在 CJR 前，如果雙方在訟費問題上有分歧，便可能要花大量的金錢和時間就訟費問題展開費時失事的訟費評定聆訊。為減低訟費訴訟的成本，CJR 實施了幾個簡化訟費評定的措施。

稍後，我便會詳細討論上述措施的細節。

由於 CJR 正處於實施初期，目前很難評估改革有否確實減低了訴訟成本。至少要等兩三年，待各方收集了足夠有關訟費的資料後，才能對新措施作出有意義的評價。

但是，訟費評定的新措施是 CJR 訴訟當中十分重要的一環。它們不是 CJR 改革中供律師隨意選擇的額外措施。它們是成功減低訴訟成本的重要元素。

律師需要提醒當事人 CJR 就減低訟費帶來的新措施，並在適當的情況下鼓勵當事人採用 CJR 的訟費新政策。除非新措施能成為律師經常採用的措施，否則 CJR 將不能像預期般大幅度減低訴訟成本。

普遍的訟費評估

一般而言，法庭會要求敗訴的一方支付勝訴方的訟費。常見的訟費命令以「對平基準」（party and party）或「彌償基

準」（indemnity）較為普遍。其他可能的訟費安排包括「共同基金」或「律師與其當事人」等。但比較常見的訟費評估通常都是在「對平基準」或「彌償基準」之下進行的。

如按「對平基準」去計算訟費，實際上勝方在訟費評估後只從敗訴方取回約三分二的訴訟費用。

比較下，如按「彌償基準」去計算訟費，勝方實際能從敗訴方獲得的訴訟費用則大約有九成。

策略一：鼓勵盡早解決糾紛

以下是 CJR 為鼓勵雙方能盡早解決糾紛而作出的革新：

1. 鼓勵盡早對金錢申索認責；

2. 鼓勵提出和接納「附帶條款和解建議」及「附帶條款付款」；

3. 加入只涉訟費的法律程序；

4. 鼓勵採用調解。

措施一：盡早對金錢申索認責

高等法院規則 Order 13A 適用於純粹就金錢提出的申

索申請。金錢申索有定額（liquidated sum）或不定額（unliquidated sum）兩種。透過 Order 13A，被申索人能直接承認申索金額的部分或全部責任，並能對還款安排作出分期付款等提議。

由於被申索人同意還款，所以不論被申索人同意的還款金額是否等於申索金額的全部，法庭會將其同意還款視為承認法律上的還款責任。此後，雙方餘下的唯一爭議便只會是實際的還款金額。

如果被申索人只同意償還部分的申索金額，此舉會被當成和解提議，邀請申索人接受比申訴額較少的金錢去償還整個金錢申索申請。

申索人能選擇是否接受被申索人提出的還款安排。如申索人拒絕接受還款金額或還款時間，申索人可以提出另外的和解建議。對此，申索人須就拒絕接受還款通知法庭，並在通知中指出其可以接受的金額或還款時間安排。

法庭在金錢申索中所扮演的角色是去裁定欠債的實際金額，以及還款是否適合以分期方式進行。就分期還款的事宜，法庭有權指定每期的還款週期和金額。如果欠債人不能如期還款，申索人可以立即要求全額歸還法庭所裁定的欠債金額。

就 Order 13A 作出的金錢認責必須在呈交辯護書的限期前提出。

措施二：附帶條款和解建議和付款

高等法院規則 Order 22 及 22A 設置了附帶條款的和解建議及付款的安排。兩項措施是以英國沃爾夫司法改革中第 36 部分建議作為藍本所編成的。在英國進行的民事司法改革中，第 36 部分建議是最被廣泛接受的改革。

在 CJR 前，答辯人能在訴訟過程的任何時間提出和解建議，包括提出比索償額較少的金錢作和解建議。

當原告人提出金錢申索（不論定額和不定額），答辯人均可把其所提出的和解金額交予法庭，讓原告人決定是否接納其和解建議。

如果原告人接納，法庭便會命令發款給原告，並會考慮要求答辯人支付向法庭存入和解金前原告人的訟費。

如果原告拒絕接受和解，爭議便進入正審階段。在此情況下，如果在正審後法庭裁定原告應得的金額比答辯人提出的和解金額少，那麼，儘管原告勝訴，法庭都會要求原告人支付答辯人向法庭存入和解金後所承擔的訟費。

要求勝訴方支付訟費的原因是因為原告浪費了大家的時間。由於答辯人提出的和解金額比其實際的法律責任為高，原告應該一早接受和解方案。當原告固執地嘗試透過審訊去贏取比其應得更高的金額，原告便應該就其機會主義負上訟費責任，以補償答辯人就訴訟所付出的金錢。

透過向法庭存入和解金，答辯人能保障自己的訟費。與此同時，答辯人亦向原告施加了接受和解的經濟壓力。如果正審後原告所得的金額比和解金低，那麼儘管得勝，原告都需支付高昂的訟費。要注意的是，和解金越早存入法庭，原告所可能承擔的訟費金額便越高，而接受答辯人和解建議的壓力便越大。

在 CJR 前，答辯人不能就金錢以外的訴訟向法庭存入和解金。答辯人只能按普通法提出 Calderbank 提議（Calderbank offer）。

此類和解建議通常以書信形式提出。答辯人會在信中提出一系列具體的和解條款，並註明和解條款「不影響除訟費外的任何事項」（without prejudice save as to costs）。這代表和解信不能在審訊時成為呈堂證據的任何部分。一直要待正審完畢，法庭處理訟費事項的時候，雙方才能把和解信呈交法庭。

如果原告接受和解建議，法庭便會命令終止訴訟，並將和解條款列為法庭命令的一部分。

如原告不接受和解建議，那麼，若原告最終不能從法庭獲得比和解建議好的條款，原告便須支付對方在提出建議後的訟費。

就像存入法庭的和解金，在適當時候提出的和解條款建議能保障答辯方的訟費，並向原告施加和解的壓力。

傳統的系統有至少兩個問題。

第一，它只為單方面提出保障。

答辯人能透過和解建議（金錢或條款）保障自己的訟費，反之，原告則受制於人，不能保障自己的訟費。

原告不能提出比自己申索條件更低的金額，或更優厚的條件去與答辯人和解，並保障自己的訟費。法律沒有為原告提供像 *Calderbank* offer 的方法，讓控辯雙方均能在提出和解的同時保障自己的訟費。

第二，*Calderbank* offer 是普通法的一部分。它不屬於高等法院明文規則的任何部分。所以，通過普通法就 *Calderbank* offer 的案例演變，答辯人可能會誤信自己受

到 *Calderbank* 案例的保障，直到審訊後才發現其和解建議並非有法律效力的 *Calderbank* offer。

舉例說，根據案例，抗辯人不可在法律容許向法庭存入保證金的同時，向申索人提出 *Calderbank* offer。在相應情況下，如果抗辯人在存入法庭保證金後同時向申索人提出 *Calderbank* offer，抗辯人便很可能失去 *Calderbank* offer 所能帶來的訟費保障。

假設說，在一個非純金錢的申索中，答辯人希望提出的和解建議提供優厚的非金錢條款，卻包括比申索額較少的金錢。那麼，向法庭存入和解金是否合適？在 CJR 前，雙方便需要就此問題付出金錢和時間在庭上作爭辯，不能快捷可行的解決爭端。

就此，CJR 提出了「附帶條款和解付款」以及「附帶條款和解建議」。後者能被原告及答辯雙方採用。

在新的 Order 22 下，原告可以提出比其申索額低的金錢，或是利用優厚的條件去提議和解。和議須以筆錄，在呈交法庭後便成為附帶條款建議。

答辯人可從向法庭存入和解金、指定條款，或是以兩者並用的方式嘗試和解。任何被存入法庭的金錢會被視作

和解金,而任何答辯人指定的條款會被視作和解條款。
如上所指,條款需要筆錄並向法庭存檔。

控辯雙方有二十八天去接受附帶條款和解建議。

一旦附帶條款建議(或付款)被接納,糾紛便會按建議的
條款和解。如抗辯人提出的建議被申索人接納,申索人能
從抗辯人手中取得建議被接受前的訟費。反之,如抗辯人
接受由申索人提出的建議,抗辯人則無需支付在建議被接
納後對方所花耗的法律費用。

由於附帶條款建議和付款過程保密,處理案件的法官在正
審完結前不會被告知雙方透過上述途徑作出的和解協商。

如果和解建議在法定的時間內不被接納,糾紛便會通過法
庭審訊解決。在這情況下,如果勝訴人未能在訴訟中取得
比和解建議更優厚的條件,那麼即使勝訴,未能在法定時
限內接受和解建議都可能被視作無理行 。無理地拒絕和
解拖延了雙方和法庭的時間,作為懲罰,法庭可以命令拒
絕方按彌償基準支付對方的訟費,並在訟費金額上支付比
法庭利率高 10% 的利息。

如果抗辯人曾無理拒絕申索人所提出,比法庭判決更優厚
的和解協議,那麼他便可能要在案件整體金額上支付比法

庭利率高 10% 的利息。當然，法庭在訟費利率上擁有最終決定權。

就附帶條款建議的訟費分配，法庭會考慮所有有關因素。有關因素包括：建議條款、提出建議的時間、於提出建議時雙方知悉的資料、雙方是否願意就分析和解建議提供資料協助等。

附帶條款和解建議必須根據 Order 22 提出。實際上，Order 22 提供了一個透明的平台，使雙方能在有足夠資料的情況下就和解建議進行分析。Order 22 包含了繁複的細節。但繁複細節也確保法例能有效照料到和解過程中所有可能發生的結果。

為保周全，不管和解建議是否僅從 Order 22 作出，法庭對於訟費事宜均留有最終決定權。

措施三：純訟費程序（Cost-only Proceedings）

有時候，訴訟雙方能就除訟費以外的糾紛進行和解。

在 CJR 後，法庭加入了純訟費程序。顧名思義，在無其他爭議的情況下，雙方可要求法庭就訴訟決定訟費責任。

上述的附帶條款和解建議和付款也適用於純訟費程序。

要注意的是，純訟費程序也能帶來龐大支出。有些時候，代表律師會不合適地把已經完結的主要紛爭帶到訟費庭內。通常的指控是對方的論點毫無法律理據，導致對方必須和解。因為如此，對方應該附上訟費責任等等。

此類指控很可能會浪費雙方就和解所節省的時間和金錢。在處理純訟費訴訟時，法官必須留意防止介入已經和解的實際糾紛中。法庭很可能需要強硬地就訟費安排進行堅決並粗略的評估。

措拖四：採用調解（Mediation）

調解的過程是採用一位中立人士協助雙方透過溝通解決爭議。

一個涉及兩方（甲及乙）的調解過程可能會依以下形式進行：

1. 調解員與甲及乙進行雙方會面；

2. 調解員分別與甲及乙單獨會面，以了解雙方的和解條件；

3. 在單獨會面中，調解員嘗試獲得甲或乙的許可，向雙方提出和解條件。在沒有許可的情況下，調解員與雙方的會面內容是保密的。

調解員不能在沒有明確許可的情況下向對方
透露任何會面內容；

4. 調解員來回於甲方與乙方之間，嘗試使甲及
乙就和解方案達成共識；

5. 如果甲及乙能大致達成共識，調解員會組織
最後一輪會面，讓雙方能商討和解細節。在
達成最終協議後，雙方會簽署和解協議；

6. 如調解員覺得調解過程毫無進展，便須告知
雙方並終止調解；

7. 雙方律師有權在會面中在場。

大致上，調解的成功率有 70%。一位有經驗的調解員應
該可以在調解開始一兩天內，發現糾紛是否適合透過調
解化解。因為如此，大部分的訴訟不會因等待調解結果
而被法庭容許擱置。

明顯地，調解相對法庭訴訟來得快捷便宜得多。

調解過程也比較有彈性，雙方可以對調解員無顧慮地傾
訴對糾紛真正的憂慮，以及可接受的解決方案。商討範
疇並不限於法律上的考慮，調解員能從法律以外的途徑
協助雙方達至最符合雙方利益的和解方案。

這跟法庭訴訟有很大的差異，得多時法庭不能考慮雙方真正關心的事項，只能依法判決雙方的權利和責任。法庭不能頒布無先例的判決。

在香港，律師和大律師專業守則在更改後，指出律師與大律師有責任去主動建議當事人採用調解方法去解決糾紛。故此，對律師和大律師來說，欠缺考慮採用調解是有違專業操守的行為。

有人會質疑哪些糾紛適合採用調解，而哪些不適合？事實上，很難想像任何不能嘗試調解的糾紛。就證據看，就算雙方曾經進行無結果的協商，調解都能有效地協助解決雙方之間的分歧。

調解和協商的差別在於調解員的參與。專業的調解員能省卻雙方之間過多的裝腔作勢。調解能有助雙方更有效地溝通雙方希望得到的結果。這些結果不一定是透過法律渠道所能取得的。

舉例說，在某些糾紛中，甲可能純粹想乙道歉。了解過後，調解員便會盡可能配合雙方的意願。在甲及乙的糾紛中，由於甲願意對乙道歉，作為交換，乙可能願意交還屬於甲的財物。

通過調解，雙方能取得真正想要達到，而法庭又無法協助的目的。在上述例子中，因法庭通常不會命令一方道歉，所以甲不能從訴訟中達到他想要的結果。

這類「交易」明顯能有效地應用在商業糾紛中。但調解同樣能應用在非商業矛盾上。的確，在其他國家，調解能有效協助夫婦處理離婚。按沃爾夫法官在 2008 年於香港的會議中所言，調解甚至能應用在司法覆核案件。

綜合以上所言，法庭應該很支持各方採用調解去解決糾紛。

調解十分符合 CJR 的基本方針，那就是採用快速、公平的方法，在實際可行及具備成本效益的基礎上解決糾紛。控辯雙方不能在可以通過調解，並迅速有效解決問題的情況下，固執地霸佔法庭有限的時間和資源。

在 2010 年 1 月 1 日落實的調解實務指引中，法庭頒布了針對調解方面的政策。

調解實務指引有至少三個目的。

第一，調解實務指引重申法庭會賦予調解過程豁免權，把調解內容視作保密。實務指引提出（§6）：

「法庭在所有的情況下，包括在處理因本實務指示的規定而引起的事宜以及行使酌情權裁定訟費時，均不可強迫各方披露任何依據法律原則而受保密權所保護的資料，例如享有法律專業保密權的資料以及受無損權利的通訊特權所保護的資料。法庭也不可接納此等資料為證據。在調解過程中發生的事情，屬於無損權利的通訊，也受保密權所保護。在此須強調的是，法庭絕不會削弱由保密權所提供的保護。」

第二，實務指引提出，如果糾紛一方無理地拒絕調解，就算勝訴，法庭亦有權向拒絕調解方發出懲罰性訟費命令。

舉例說，假設正審後甲方獲得×作為勝訴金額。如果甲曾經拒絕調解，而乙方亦能夠證明乙方很可能在調解過程中支付至少×給甲方，那甲便很可能失去從乙方身上取得拒絕調解後的訟費資格。

第三，實務指引提供了使用調解的程序。

扼要地說，在實務指引下，甲首先要透過調解證書和通知（Mediation Certificate and Notice），書面邀請乙把全部或部分的糾紛嘗試調解。如果乙接受邀請，便需通過調解回覆（Mediation Response）書面回應甲的邀請，並就會透過調解解決的問題細節達成共識。如果乙拒絕

調解，則需要在調解回覆中解釋拒絕的理由。

就調解實務指引產生的文件需要交法庭存檔。這容許法庭檢察糾紛有否有透過調解而解決。

如果乙拒絕調解，而甲在正審後向法庭申請向乙提出訟費制裁時，存檔於法庭的調解回覆便能提供乙拒絕調解的證據，並陳述拒絕調解的真正原因。在確實證據下，乙將不能引用甲方的理據弱點拒絕支付訟費。

透過調解證書、通知和回覆，雙方會就調解的「最低限度參與」達成共識。只要雙方在調解時能達到事先同意的最低限度參與，即使調解失敗，雙方都無需擔心要承擔懲罰性訟費。

甚麼是合適的「最低限度參與」？

由於調解閉門進行，其內容是保密的。法庭不會知道雙方在閉門會議中的會面細節。因此，法庭在考慮訟費，參考雙方調解記錄時，只會看到雙方進行了第一輪會面。首輪會面也成了法庭要求雙方就調解的「最低限度參與」。

在訟費的誘因下，訴訟一方可能會毫無誠意地敷衍參與調解，以防止將來法庭頒布懲罰性訟費命令。在這種可能性下，如果調解一方缺乏誠意地在參與會議後迅速放

棄調解，法庭如何辨別真偽？

閉門會議是調解成功的關鍵因素。因此，法庭必須尊重會議的保密內容，而不會考慮除出席名單外的任何調解會議記錄。出席記錄也成了法庭決定訟費命令時考慮的主要依據。

有見及此，只要訴訟雙方出席調解會議，在調解人宣布開始會議，雙方便已經達到調解最低參與率，無論有否誠意，法庭都不能以懲罰性訟費來譴責無理拒絕調解的行為。

這是否代表實務指引缺乏實際約束力及容易被濫用？

一般而言，訴訟雙方會透過律師處理糾紛事務。在 Order IA 之下，律師有責任協助法庭解決爭議。在 Order IA 的大前提下，律師們需要確保他們的當事人不會敷衍地利用調解去避免訟費。

律師不應提議當事人純粹為遵從實務指引而表面地參與調解。無誠意的調解對解決問題沒有絲毫幫助，敷衍地進行調解反而會增加解決爭議的成本。法庭期望律師能防止並拒絕協助當事人把調解看成是訴訟戰術的一部分。

當然，在沒有律師代表的情況下，調解實務指引則很容易被當事人在欠缺法律意見的情況下所濫用。

不過，就算沒有律師代表，當事人依然有協助法庭解決爭議的責任。當事人應避免透過敷衍調解去浪費所有人的時間。

最後，若果一方不合理地拒絕調解，法庭會如何判定訟費？

基於調解的成功率能達到七成，所以按理大部分的案件都應該可以通過調解找到解決方案。在這個基礎上，假若甲無理地拒絕調解，甲便需要負擔因拒絕調解所導致的額外訟費（即使甲最終勝訴）。

策略二：鼓勵對非正審指引達成共識

CJR 要求爭議雙方採取實際和務實的態度，盡可能就非正審指引達成共識，避免事事都依賴法庭指引。

在 CJR 前，非正審申請的訟費是按照申請的結果而定的。換句話說，假若甲向法庭提出非正審申請勝訴，甲就能從乙方取回訟費。假若甲的申請不成功，那麼甲就需要負責乙的訟費了。

為鼓勵雙方能致力就非正審事宜達成共識，CJR 加入了 Order 62 Rule 3（2A）。上述條文賦予法庭權力去偏離

一般按照申請成敗而定的訟費安排，按實際情況判別應該由誰負擔非正審申請的訟費。

經修改後，Order 62 Rule 5 列出了數項法庭會考慮的因素。具體而言，法庭會考慮：Order 1A 的 CJR 基本目標、雙方處理有關申請的手法、協調有關申請的建議，以及申請結果是否完全成功等等。

就衡量雙方的「手法」，Order 62 Rule 5 允許法庭考慮：雙方立場的合理性、雙方就堅持自己立場的行為和理據、申索事項是否有誇大，以及雙方在聆案前及聆案中的取態。

所以，不合理地堅持自己立場的訴訟人就算在非正審申請中勝訴，亦可能要負責訟費。

舉個簡單的例子：甲打算修改陳述書。修改並不會影響案件的進度指標日期（milestone dates）。乙對修改作出書面同意，但無理地要求甲在彌償基準上負擔訟費。甲反對，但提出願意在對平基準上負擔因修改而引致的額外訟費。乙堅持原本的無理要求，導致事件需要法庭介入處理。在這情況下，法庭通常會允許修改。

在一般情況下，由於甲提出的修改佔用了額外的法庭資

源，所以甲應該在對平基準上承擔因修改而引致的額外費用。但是，由於修改並不會對案件的進度帶來重大影響，乙應該同意接受修改，並不應堅持其無理要求導致簡單的修改申請需要法庭介入處理。在這個情況下，縱使修改申請是由甲所提出，乙都將需要負責因為其不合理行為所引致的額外訟費。

在 2009 年 4 月 2 日 CJR 生效後，有些律師以遵從 CJR 政策為名，花耗大量時間製造冗長的書信來往，嘗試製造互相合作的表象。這種做法的結果是導致當事人需要為冗長的律師信付出更多的金錢。

萬事都應有所節制，簡單的非正審事務並不需要大量冗長、昂貴及費時的書信來往，簡短的書信及電話對話即可。否則的話，CJR 減低成本的目標便不能惠及大眾。從減低法庭時間而省卻的成本不應該浪費在不必要的書信往來上。

策略三：減少訟費評定（taxation）的成本

CJR 前，縱使一方在訴訟中贏得訟費，假如敗方不同意訟費的實際金額，雙方便需透過訟費評定程序由法庭來決定訟費的金額。

訟費評定本身很可能是一個耗時及昂貴的過程。

就算是在非正審申請中，勝訴的一方就算獲得訟費，訟費命令中通常都註明無論訴訟最終誰勝誰負，所有訟費計算都將在案件結束後透過訟費評定來計算。

根據訟費命令，就算當事人在非正審申請中付出了大量金錢，他都必須等待正審結束後方能獲得補償（正審日期可能十分遙遠）。

訟費的時間安排導致財力雄厚（但缺乏理據）的一方可以透過大量非正審申請拖垮對方的經濟資源。這制度容許缺乏理據的一方透過拖延時間而避免敗訴，與 CJR 鼓勵盡早解決糾紛的理念大相逕庭。

再者，訟費評定通常需要事務律師聘請訟費草擬員（law costs draftsman）。訟費草擬員是計算訟費的專家，聘請這類專家當然需要付出額外的金錢和時間。

由於法庭擠湧的時間表，訟費評定審訊可能久久不能進行（可能在正審後幾年）。在這過程中，敗訴的一方通常會想方設法挑戰訟費單上的每一個項目，但求能拖延和減低要支付的訟費。

為解決問題，CJR 鼓勵法官慣性地在每次非正審申請後

都進行簡易訟費評估（summary cost assessments）。透過簡易訟費評估後，獲判的訟費需要馬上支付，這樣，勝訴方便不需等到審訊完結後才能獲得應有的補償了。簡易訟費評估能有效減少傳統訟費評估的開支，包括聘請訟費草擬員的費用。

簡易訟費評估在實際上如何運作？這裡提供其中一個建議。

簡易訟費評估現已成為主流的訟費評核方法。事務律師應習慣性地為當事人準備一份針對其非正審申請的訟費列表。在申請聆訊結束後，按法官的邀請把列表呈上用作評核之用。

假設甲在申請中勝訴，法庭通常會要求乙負責甲的訟費。在判決後，法庭便進入簡易訟費評估去決定非正審申請雙方付出的訟費。在評估過程中，法庭會參考雙方呈交的訟費列表。

如果甲的訟費評估是 X 而乙的評估是 Y，而 Y 是一個比 X 少的銀碼（換句話說，乙就是次申請付出的金錢比甲少）。印象上，法庭起碼應該把 Y 判給甲，因為乙本身也認同申請的成本起碼應該是 Y。

當然，甲可能會覺得 Y 的數目過低，不足以補償甲實際付出的金錢。在這情況下，法庭會就甲提出的額外金額考慮是否合理。為確保各個法庭的評估保持一致性，司法機構一直有收集各類申請所需的實際成本用作比較。

反過來說，如果在上述例子中 Y 的數目比 X 高（乙就申請付出了比甲更高的成本）。那麼，單從印象上看，X 應該是一個比較合理的訟費（因為甲的訟費比乙少）。所以乙應該在 X 的基礎上負擔訟費。

我強調上述的只是一個例子，並非唯一評估訟費的方法。例子想指出的是如何提高簡易訟費評估的透明度及公信力。

還有兩點需要簡單陳述一下。

第一，Order 62 Rule 32A 給予聆案官很大的自由度，就訟費評估聆訊本身的訟費作出評估。在決定如何分配訟費評估的費用時，聆案官會考慮的因素包括：雙方要求訟費的理據是否充份、訟費評估是否有實際減低正審成本，以及雙方在訟費評估聆訊中的行為等等。

第二，Order 62 Rule 21B 容許聆案官作出臨時訟費評估。臨時訟費評估是在沒有聆訊的情況下作出的評估。如果雙方同意聆案官的安排，雙方便能省卻聆訊的必要。

相反，如果某一方反對訟費安排，並堅持法庭聆訊；那麼，假設在聆訊結束後要求方未能就臨時訟費評估獲得更好的結果，便很可能要支付訟費評估的費用了。

總結

綜觀 CJR 的整體結構，改革後的民事司法程序提供多種解決爭議的選擇。當中有富結構性的方法，也有十分具彈性的方法。

為甚麼這樣說？

在爭議的早期，雙方可以利用 Order 13A，透過認責和（在必要時加入法庭協助）商議還款時間表，快速地解決爭議。

如果雙方需要一個具結構性的程序，例如透過正式的建議和反建議達致和解，雙方便可以利用 Order 22 和 22A，透過附帶條款建議和付款程序達致和解。

甲方可以提出附帶條款建議（或付款）去開啟 Order 22 和 22A 的和解系統。此後，乙方便需提出他認為合理的反建議（或付款）。一旦展開附帶條款建議程序，雙方便可透過來回提出建議和反建議，直到雙方達到和解方案為止。

如果訴訟人想利用更具結構性的方法透過協商解決問題，訴訟人可選擇透過調解尋求和解方案。由專業的調解員建議和確保爭議雙方會透過既定的調解程序就達致和解提出自己的想法。

就附帶條款建議（或付款）和調解而言，在 CJR 後，法庭有權透過訟費命令懲罰無理拒絕參與和解的一方。無理地拒絕和解跟 CJR in Order 1A 中提出的目標相違背。延長訴訟並不符合 CJR 盡早解決爭議和減低成本的大宗旨。

就上述提過的 CJR 和解方案，訴訟人可在不同階段引用不同的方法，又或者同時採用數種方法達致和解目標。律師應就實際情況給當事人提出最有利的策略建議。要強調的是，當事人應該在訴訟開始前，就和解選擇從律師意見中獲得全面的資訊。如果律師在提議及解釋各項和解選擇時有所保留，或延遲提供有關意見，該名律師便有違其需要協助法庭解決爭議的責任。

其他事宜

在完結此章前，需要就 CJR 後法庭的訟費政策加上三點備註。

第一，以前聘請大律師的費用是被當作律師墊付支出的一部分。CJR 後，支付予大律師的費用可在訟費評估中一併調整。

第二，法庭現在能就律師不合理和不正當的行為，作出針對大律師或事務律師的虛耗訟費命令。在律師有失操守，導致案件延誤處理或不合理處理案件的情況下，法庭便可命令律師承擔一切訟費。

第三，CJR 後，法庭現在有權命令就案件提供經濟資助的第三者支付訟費。此項權力在 CJR 前沒有明文規定，但現在高等法院條例第 52A（2）條明文批准法庭作出涉及經濟援助訴訟的第三者訟費命令。

此項改革能改善因第三者資助而引起的不公平訴訟。假設甲方未能負擔訴訟成本，而丙在甲經濟拮据的情況下提出經濟援助，從而瓜分甲在糾紛中應得的賠償。甲與丙的之間的約定可能構成違法的維護或包攬訴訟（Maintenance and Champerty）。維護或包攬訴訟的意思就是第三者在沒有利益的情況下，透過經濟援助試圖在訴訟中獲利。雖然違法，但此類約定在今天的社會中並不罕見。CJR 後，如果乙在訴訟中勝訴，乙便能直接向丙追究訟費。改革實施後，丙將不能在訴訟後人間蒸發，任由乙手上的判詞變成空頭支票。

終章　民事司法程序改革的要旨

此書嘗試了去闡述 CJR 如何對香港的民事司法程序帶來
重大的改變。

CJR 的目標是令民事訴訟盡可能在最公平、迅速和最具
成本效益的環境下解決。對此，CJR 強調控辯雙方應該
在展開訴訟前小心及清晰地去分析案件，並應在狀書中
完整地披露其採用的理據。

CJR 後，法庭在非正審階段會重點協助雙方尋找案件的
重點糾紛。對此，法庭會從三個方面著手：

1. 剔除狀書中的非關鍵事項；

2. 衡量雙方提供的事實陳述以及文件證據對案件
   的影響；

3. 收窄需要在正審時處理的事實和專家分歧。

法庭在管理案件方面會採取積極的態度。具體而言，雙方和法官需要從兩方面共同制定具體和嚴謹的時間表：

　　1. 正審和非正審階段的時間安排；

　　2. 正審時雙方就各項具體糾紛陳詞的時間分配。

法庭在案件管理事宜上希望雙方合作，盡可能不要浪費時間在非正審的流程事宜上滋擾法庭。

當法庭和雙方就案件制定了具體時間表後，雙方應嚴格遵守時間表，尤其重要的是進度指標日期。除非特殊情況，否則法庭不會輕易更改任何進度指標日期。

在考慮所有申請時，法庭都將重點考慮申請的實際情況而不會被形式規則所影響。

法庭鼓勵雙方透過不同渠道去和解紛爭。CJR 中所關注到的和解方法包括：盡早承認責任、附帶條款和解提議和付款 (sanctioned offer and payment) 和自願調解。如案中一方不合理地拒絕以上提到的各項和解建議，法庭將在訟費上對其行為作出懲罰。

CJR 給予法官高度的酌情權，法官在處理不同案件時，必須擁有和運用酌情權，在案件不同的階段和情況下，

就案情作出靈活的安排。可是，酌情權並非無所拘束的，它並非隨意執行的。酌情權必須在 CJR 的大前提下公平公正地施行。

CJR 的真諦在於案件雙方共同協助法庭盡早為糾紛找到公正的解決方法。CJR 後，訴訟的焦點不應是如何在每個法庭申請中處處勝人一籌。CJR 後，訴訟不應光是在技術理據上為爭辯而爭辯。相反，訴訟雙方應盡早明晰糾紛的核心矛盾，從而計劃如何實際的處理和解決問題。

如果雙方不誠心誠意合作解決矛盾，那麼 CJR 和 CJR 所賦予法官的酌情權便會變得毫無意義。除非案件雙方採取解決問題的態度（而非把訴訟看成一個競爭性遊戲），否則 CJR 將不可能實際地減低訟費。

法庭需要案件雙方以及律師的合作，這也是改革未能強求的遺憾。合作必須是自發性的，它使雙方和律師能實際地審核案情和明白訴訟的能和不能，以及所達到的結果。如果此地無銀，又何必付出高昂的訟費去落得費時失事的結果？

英文簡稱

CJR　　民事司法制度改革　（Civil Justice Reform）

CMC　　案件管理會議　　（Case Management Conference）

PTR　　正審前覆核　　　（Pre-Trial Review）

RAO　　限制提出申請令　（Restricted Application Order）

RHC　　高等法院規則　　（Rules of the High Court）

RPO　　限制程序令　　　（Restricted Proceedings Order）

鳴謝

本作雖短，卻蒙多方協助，我獲益良多之餘，卻因篇幅所限未能一一列出每位曾施予協助的朋友，在此只能指出數位。

本書內容源自我為香港海商法協會所準備的演講，我感謝香港海商法協會給予我有關的機會。我感謝 Johannes Chan、Albert Chan、Lusina Ho、Yvonne Yim、Carmen Cheung 和 Elsie Kwong 對英文原稿提供的支持和鼓勵。Hughes Tang、Sunny Chan 及 Yonnie Liu 協助閱讀手稿並提供意見。

就我在本書中提出的觀點，我受益於與 Adrian Zuckerman、Iain Goldrein、Vivian Ramsay 和 Paddy Bergin 就民事程序改革的討論——雖然他們不會同意我所有的觀點。原先由私人出版的英文版封面採用了 Chris Fung 的照片和 Pau Mo Ching 設計的印章。本書的原稿是我在醫院裡，陪伴正在康復中的母親閒時所書。我希望把此書獻給她。當然，此書中一切不足之處歸我所有。

芮安牟

淺談新民事
司法訴訟

責任編輯	任秀雯
版式設計	陳務華
封面設計	嚴惠珊

作者	芮安牟
翻譯	陳星楠
出版	三聯書店（香港）有限公司
	香港鰂魚涌英皇道 1065 號 1304 室
	Joint Publishing (Hong Kong) Co., Ltd.
	Rm. 1304, 1065 King's Road, Quarry Bay, Hong Kong
發行	香港聯合書刊物流有限公司
	香港新界大埔汀麗路 36 號 3 字樓
印刷	陽光印刷製本廠
	香港柴灣安業街 3 號 6 字樓
版次	2012 年 3 月香港第一版第一次印刷
規格	大 32 開（140mm×210mm）156 面
國際書號	ISBN 978-962-04-3206-4